LE

SUISSE DE L'HOTEL.

LE SUISSE DE L'HOTEL,

ANECDOTE DE 1816,

VAUDEVILLE EN UN ACTE,

DE MM. SCRIBE ET DE ROUGEMONT,

REPRÉSENTÉ POUR LA PREMIÈRE FOIS, A PARIS, SUR LE THÉATRE DU GYMNASE-DRAMATIQUE, LE 14 NOVEMBRE 1831.

PARIS.

POLLET, LIBRAIRE,

ÉDITEUR DU RÉPERTOIRE DU THÉATRE DE MADAME.

RUE DU TEMPLE, N° 36.

1831.

PERSONNAGES.	ACTEURS.
LE MARQUIS DE MONTLUÇON....	M. LÉON MONVAL.
BLANGY........................	M. BERCOUR.
SIMON, suisse de l'Hôtel..........	M. GONTIER.
CHARLOT........................	M. BORDIER.
LOUISE } filles du marquis.	Mlle ÉLISA FORGEOT.
EUGÉNIE } filles du marquis.	Mlle HABENECK.
Mr. DURMONT, Notaire..........	M. BRIENNE.

PLUSIEURS AMIS ET PARENS.

PLUSIEURS DAMES.

DOMESTIQUES.

La Scène se passe à Paris, dans l'Hôtel du marquis de Montluçon.

Nota. S'adresser, pour la Musique de cette pièce et pour celle de tous les ouvrages qui composent le Répertoire du Gymnase-Dramatique, à M. HORMILLE, chef d'orchestre du Théâtre.

PARIS. — Imprimerie de DONDEY-DUPRÉ, rue Saint-Louis, N° 46.

LE

SUISSE DE L'HOTEL,

VAUDEVILLE EN UN ACTE.

Le théâtre représente un salon de l'hôtel Montluçon ; porte au fond ; portes latérales ; une psyché auprès de la porte de l'appartement à droite de l'acteur.

SCÈNE PREMIÈRE.

CHARLOT.

(*Il s'occupe à regarder les apprêts de la noce dans la salle à droite.*)

Dieu ! qu'il sera beau le dîner des fiançailles de Mlle de Montluçon !... Quelle ribambelle de marmitons ! ça n'en finit plus... Allons, à présent c'est le tour de la pâtisserie... v'là les biscuits, les meringues qui filent... et les babas qui ferment la marche. Ça fait plaisir à voir ; ça m'ouvre l'appétit... C'est-y chagrinant, pour nous autres hommes de peine, de voir passer comme ça sous notre nez des perdreaux rôtis, des chapons, des poulardes truffées... Dieu ! que c'est heureux les gens riches !...

SCÈNE II.

CHARLOT, SIMON *.

SIMON, *entrant par le fond.*

Eh bien ! qu'est-ce que tu fais là, grand paresseux ?

CHARLOT.

Paresseux !... parce qu'on se repose... Vous êtes aussi injuste que les maîtres.

SIMON.

Va sur-le-champ savoir si la corbeille de mariage com-

* Les acteurs sont placés en tête de chaque scène, comme ils doivent l'être au théâtre. Le premier inscrit tient toujours en scène la gauche du spectateur.

mandée par M. le comte de Saint-Vallier est terminée... Eh bien ! est-ce que tu ne m'entends pas?

CHARLOT.

Si fait, monsieur Simon... Mais c'est que je regardais la sœur de notre mariée... Mlle Eugénie... qui vient de ce côté.

SIMON.

Allons, va-t'en... et reviens promptement.

(*Charlot sort.*)

SCÈNE III.

EUGÉNIE, SIMON.

SIMON.

Quel ange que celle-là ? quel trésor de bonté, de douceur ! Si tous les grands seigneurs qui habitent le premier étage étaient comme elle... on ne serait pas si souvent humilié d'être au rez-de-chaussée.

(EUGÉNIE *s'avance sans le voir, et s'assied près de la psyché.*)

SIMON, *qui la salue.*

Tiens ! je l'ai saluée, et elle ne me répond pas... Il y a de l'extraordinaire... car elle n'est pas fière celle-là !... elle n'est pas comme sa sœur.

(EUGÉNIE *se cache la tête dans son mouchoir, et se met à pleurer.*)

SIMON.

Est-il possible ! elle a du chagrin...

EUGÉNIE, *se levant brusquement.*

Hein !... qui vient là ?... Ah ! c'est vous, Simon?

SIMON.

Pardon, mademoiselle... vous voir pleurer me fait tant de mal.

EUGÉNIE, *se hâtant d'essuyer ses yeux.*

Moi ! je ne pleure pas.

SIMON.

Comme vous voudrez, mam'selle !... Mais avec moi, avec le pauvre Simon, qui vous est tout dévoué... il ne faut pas vous gêner.

EUGÉNIE.

Ah! tu as raison! Oui, Simon, oui, j'ai du chagrin... je vais quitter cet hôtel.

SIMON.

Nous quitter! Vous allez faire comme Mlle Louise, votre sœur... vous allez vous marier aussi!

EUGÉNIE.

Ah! mon pauvre Simon!

SIMON.

Puisse celui qui vous épouse, vous rendre aussi heureuse que vous le méritez... S'il savait, comme moi, tout ce que vous valez... Oui, mademoiselle, quand on se marie, on va prendre des informations dans le grand monde, dans les salons... c'est par-là qu'il faudrait aller.

AIR *du Vaudeville de la Somnambule.*

L'amoureux d'une jeun' demoiselle
Avec qui l'hymen va l'engager,
Quand il veut savoir ce qu'on pens' d'elle,
Doit s' borner à nous interroger.
De tout l'hôtel notre loge est le centre :
D' la vérité dont son cœur a besoin
C'est là l' séjour... c'est là qu'elle entre,
Et souvent ell' n'va pas plus loin.

EUGÉNIE, *cherchant à cacher ses pleurs.*

Simon, je ne me marie pas... et pourtant je vais vous quitter.

SIMON.

Et comment cela?

EUGÉNIE.

A quoi bon te le cacher... tu le sauras bientôt comme tout le monde... et puis, ici... de tout l'hôtel... tu es la seule personne devant qui j'ose avoir du chagrin.

SIMON.

Ah! c'est que je sais ce que c'est; et si jamais le pauvre Simon pouvait vous être bon à quelque chose...

EUGÉNIE.

Hélas! il n'y a rien à faire qu'à se soumettre... Ce matin, mon père m'a fait appeler, et m'a dit: « Mon enfant, » avec la restauration sont revenus les bons principes et les » anciennes institutions... on va rétablir les couvens. »

SIMON.

Ah mon Dieu!.... il aurait une pareille idée!... et pour mieux établir sa fille aînée, il sacrifierait sa seconde.

EUGÉNIE.

Mon père prétend que c'était ainsi autrefois... que c'est aux premières maisons du royaume à donner l'exemple du retour aux anciens usages.

SIMON.

Quelle indignité! M. le marquis.... lui, qui a chaque instant défend nos droits et nos libertés!

EUGÉNIE.

Aussi, ne prétend-il pas enchaîner la mienne. Il n'ordonne pas; mais il voudrait que cela vînt de moi-même... et par vocation.

SIMON.

Et vous y consentiriez...

EUGÉNIE.

Et le moyen de faire autrement!... puis-je désobéir à mon père? puis-je renverser tous ses projets?... M. de Saint-Vallier, le prétendu de Louise, va obtenir du roi le titre de duc... il faut de grands biens pour soutenir un pareil titre, et j'aurais l'air d'être jalouse du bonheur de ma sœur, et de vouloir m'y opposer.

SIMON.

Enrichir des ingrats qui vont sacrifier votre avenir, votre jeunesse, vos espérances peut-être!... car, si jolie, si aimable... il est impossible que des hommages ne vous aient pas été adressés, et qu'il ne se soit pas présenté quelques personnes d'une perspective plus attrayante que celle du couvent.

EUGÉNIE.

Simon!...

SIMON.

Ce que j'en dis, mademoiselle, ce n'est pas par indiscrétion... c'est votre secret, cela ne me regarde pas... Mais ce qui me regarde, c'est que vous ne soyez point sacrifiée, enterrée vivante!... Et dire qu'il n'y a ici personne qui puisse nous donner un conseil..... qui puisse venir à notre aide!

EUGÉNIE.

Personne... et le plus grand secret, Simon, car mon père ne me pardonnerait pas d'avoir l'air d'en être malheureuse.

SIMON.

Ne pas même oser se plaindre... c'est trop fort..... Eh bien! mademoiselle, ce ne sera pas ainsi... Je ne suis pas une puissance, j'en conviens; car c'est peu de chose qu'un suisse d'hôtel, quoiqu'on parle de nous rendre la hallebarde et le baudrier... mais morbleu! on verra... N'ai-je pas, comme un autre, voix au chapitre?... Ne suis-je pas presque de la famille? N'est-ce pas moi qui, dans la terreur, ai sauvé M. le marquis, votre père?... N'ai-je pas reçu chez moi, et élevé comme ma fille, mademoiselle Louise, votre sœur?

EUGÉNIE.

Ah!... nous le savons tous.

SIMON.

Oui... mais vous seule vous en ressouvenez... vous, pour qui je n'ai rien fait. Et votre sœur!... votre sœur, surtout, voilà ce qui m'a blessé, et que je n'oublierai jamais... Je l'aimais, mademoiselle, oui, je l'aimais, malgré moi, plus que mes propres enfans... Ma femme l'avait nourrie de son lait... je l'avais portée dans mes bras... et dès que M. le marquis est revenu, et la fortune aussi, comment a-t-elle répondu à ma tendresse?... Elle croyait nous payer, ma femme et moi, quand à sa fête ou au jour de l'an, elle nous envoyait de l'or... mais jamais elle ne serait descendue à la loge pour nous voir, ou du moins pour nous laisser la voir et l'aimer... Et je n'en demandais pas tant... Quand elle passait dans sa belle voiture... un mot, un coup-d'œil, un sourire d'amitié m'aurait suffi... « Bonjour, Simon... comment cela va-t-il? » Mais au lieu de cela, elle ne me regardait même pas; et souvent, quand je venais d'ouvrir la porte-cochère, elle a manqué m'écraser pour arriver deux minutes plus tôt au bal ou aux Italiens.

EUGÉNIE.

Ah! pouvez-vous l'accuser?...

SIMON.

Et dernièrement, quand j'ai été malade..... Çà, c'est

vrai .. elle m'a envoyé le médecin de la maison, M. Alibert... mais vous, mademoiselle Eugénie, vous que je n'avais pas élevée, vous êtes venue vous-même... vous avez daigné apporter des soins et des consolations à un vieux serviteur à qui vous ne devez rien... Aussi, depuis ce moment-là, çà été fini... ce n'est plus Louison, c'est vous qui êtes ma fille... Pardon, mam'selle, pardon; je veux dire seulement que je donnerais pour vous mon sang et ma vie, et que je ne mourrai pas sans m'acquitter... je vous le jure, parce que Simon n'est pas ingrat, et Simon tiendra parole.

EUGÉNIE.

C'est bien... calmez-vous... mon ami, mon cher Simon... On vient... c'est ma sœur.

SIMON, *essuyant une larme.*

Mon ami... mon cher Simon... je la sauverai... ou je ne suis plus capable de tirer un cordon de ma vie.

SCÈNE IV.

LOUISE, EUGÉNIE, SIMON.

LOUISE, *sortant de l'appartement à droite.*

Enfin voici le grand jour arrivé... c'est donc ce soir que je vais m'enchaîner pour la vie. (*Apercevant le suisse.*) Ah! c'est vous, Simon!

SIMON.

Oui, mam'selle.

LOUISE, *à Eugénie.*

Comment me trouves-tu dans ma nouvelle parure?

EUGÉNIE.

A merveille.

SIMON.

Ah! pour ce qui est de la gentillesse et de la beauté, il n'y a rien à dire; (*soupirant.*) et de ce côté-là, je suis fier de mon ouvrage.

LOUISE, *avec dédain.*

Votre ouvrage, Simon!... l'expression...

SIMON.

Que voulez-vous, mademoiselle, des expressions et moi

çà ne va pas ensemble, je le sais bien... Si j'avais eu l'éducation que je vous ai fait donner, j'en saurais davantage... (*Regardant Eugénie.*) Je parle comme je pense, et avec moi, on est sûr que la parole vaut le jeu.

LOUISE, *se radoucissant un peu.*

A la bonne heure.

SIMON.

Aussi, ça me fait de la peine quand vous me reprenez... ah! presqu'autant que le jour où vous m'avez ordonné de ne plus vous tutoyer... Je sens bien que cela aurait dû venir de moi-même, parce qu'une demoiselle de votre rang, de votre naissance..... mais que voulez-vous? une habitude de dix-huit ans... (*Prenant une prise de tabac.*) J'aurais mieux aimé me passer de tabac toute ma vie.

LOUISE.

Simon, soyez persuadé que je n'ai point oublié que vous m'avez élevée.

SIMON.

Ce n'est pas moi, mademoiselle... c'est ma femme... Elle en a encore élevé un autre qui est bien venu, je m'en vante... un autre nourrisson, qui est grand maintenant... je dis grand... c'est-à-dire bien au-dessus de nous... et qui n'en est pas plus fier pour cela... et qui vient voir son père nourricier.

EUGÉNIE.

C'est bien, c'est bien, Simon..... nous savons tous ici que nous vous devons beaucoup.

SIMON.

Ah! mam'selle, j'voudrais bien que vous puissiez me devoir davantage... vous, du moins, vous ne l'oublîriez pas.

LOUISE.

Simon, a-t-on apporté la corbeille?

SIMON.

Charlot y est allé..... et moi je vais à la mairie pour l'acte de naissance. (*Il passe au milieu. Regardant Louise.*) Des gazes, des fleurs, des apprêts de noces... (*A Eugénie.*) Voilà, mademoiselle, comme je voudrais vous voir... ça viendra... (*Il sort par le fond.*)

SCÈNE V.

LOUISE, EUGÉNIE.

LOUISE.

Eh bien! Eugénie, tu ne me dis rien?

EUGÉNIE.

Moi! je suis enchantée de ton bonheur.

LOUISE, *riant.*

Eh mon Dieu! quel soupir! est-ce qu'il te fait envie?... est-ce que tu penses encore à ton héros de roman... à ce pauvre officier du génie que tu as rencontré à Metz?

EUGÉNIE.

Moi! ma sœur... oh! du tout.

LOUISE.

Et tu as raison... un homme de rien.

EUGÉNIE, *piquée.*

De rien!... Je n'ai aucun intérêt à le défendre... mais enfin, il était sorti le premier de l'Ecole Polytechnique.

LOUISE.

Qu'est-ce que cela prouve?..... qu'il n'a pas assez de fortune pour se passer de talent... Ma pauvre petite sœur, nous sommes en 1816... et ces amours-là ne réussissent pas aujourd'hui.

EUGÉNIE.

Je n'ai aucune des idées que tu me supposes... bientôt tu en verras la preuve.

LOUISE.

A la bonne heure..... Dans peu tu feras un mariage comme moi.

EUGÉNIE.

Comme toi!... je ne le crois pas.

LOUISE.

Pourquoi donc pas?... Crois-moi, il n'y a de véritable amour dans le monde que celui de deux personnes bien nées... à qui leur position permet une sympathie de fortune, de titres, de dignités!... Voilà comme nous sommes Saint-Vallier et moi... Il m'apporte un beau titre... duchesse!... présentation à la cour... et moi, de mon côté, je lui apporte une grande fortune... Nous trouvons tous deux, dans cette alliance, ce que nous aimons, ce que nous désirons... voilà les seuls mariages d'inclination qui soient véritablement heureux.

EUGÉNIE.

C'est singulier, je me faisais de l'amour une tout autre idée... et tu es bien sûre que tu aimes ton prétendu?

LOUISE, *allant regarder à la psyché.*

Certainement... Il me semble que mes plumes ne sont pas bien posées... Il ne pense qu'à moi, et moi à lui... Est-ce que ces blondes-là sont bien?

EUGÉNIE.

Très-bien.

LOUISE.

Et mon collier!... quelle étourderie!... je ne l'ai pas mis... Dis encore que l'amour ne me fait pas tout oublier... je l'aurai laissé sur ma toilette... Suzanne!... où est-elle donc?... c'est insupportable... elle n'est jamais là.

EUGÉNIE.

Ne te dérange pas... je vais le chercher...

LOUISE.

Eh mais! quel bruit... c'est mon père qui rentre... et avec un monsieur que je ne connais pas.

SCÈNE VI.

LES MÊMES, LE MARQUIS, BLANGY *.

LE MARQUIS, *à Blangy.*

En vérité, monsieur, je vous dois la vie...

BLANGY.

C'est attacher trop d'importance à un faible service.

LOUISE.

Vous avez donc couru un danger?

LE MARQUIS.

Un danger réel... Comtois, qui n'entend pas raillerie sur les convenances, a voulu couper le landau de notre voisin l'agent-de-change... les deux voitures se sont heur-

* Louise, le Marquis, Blangy.

tées... la commotion et surtout les cris des cochers ont effrayé les chevaux... les miens s'emportaient... monsieur s'est fort heureusement trouvé là.

BLANGY.

Ce que j'ai fait est tout simple..... mille autres à ma place auraient agi de même.

LE MARQUIS.

Non, vraiment..... L'événement avait attiré autour de nous un assez grand nombre de spectateurs, et vous êtes le seul qui vous soyez exposé.

AIR : *L'amour qu'Edmond*, etc.

Ils se disaient tous l'un à l'autre :
Mais allez donc à son secours ;
Et nul secours, hormis le vôtre,
Ne m'est venu... c'est ainsi tous les jours.
En parole on a de l'audace ;
Et combien voit-on à présent
De braves qui restent en place
Et poussent d'autres en avant.

Permettez, monsieur, que je vous présente ma fille aînée. (*Louise salue.*) J'en ai encore une autre... je l'entends... c'est là toute ma famille. (*Eugénie entre.*)

SCÈNE VII.

LOUISE, EUGÉNIE, LE MARQUIS, BLANGY.

LE MARQUIS.

Viens, mon Eugénie... je te présente un de mes nouveaux amis.

EUGÉNIE.

Monsieur... (*le reconnaissant.*) ah!...

BLANGY.

Ciel!...

LE MARQUIS.

Comment! tu connais monsieur?

EUGÉNIE.

J'ai vu monsieur à Metz pendant les six mois que j'y ai passés.

LOUISE, *bas à sa sœur.*

Est-ce que ce serait?...

EUGÉNIE, *de même.*

N'est-ce pas qu'il est bien?

LE MARQUIS.

Je suis charmé, monsieur, que vous soyez déja connu dans ma famille... j'espère que cette dernière circonstance établira entre elle et vous des rapports durables... Nous signons ce soir le contrat de mariage d'une de mes filles.

BLANGY.

Comment?...

EUGÉNIE, *vivement.*

C'est ma sœur qui se marie.

LE MARQUIS.

Elle se trouvera fort honorée d'avoir pour témoin de son bonheur une personne à laquelle nous devons déjà tant de reconnaissance.

EUGÉNIE, *étonnée.*

De la reconnaissance!... vraiment?

LE MARQUIS.

Mes enfans, le tems s'écoule... Louise, tu ferais bien d'envoyer chez le notaire... Eugénie, va terminer ta toilette..... pendant ces graves occupations, j'achèverai de faire connaissance avec mon sauveur.

EUGÉNIE.

Comment! mon père, il vous a sauvé?... Ah! monsieur Blangy!

LOUISE, *à sa sœur.*

Viens, je te conterai tout cela. (*Louise et Eugénie sortent, Blangy les salue, et les reconduit jusqu'à la porte de l'appartement.*)

SCÈNE VIII.

BLANGY, LE MARQUIS.

LE MARQUIS.

Blangy!... Quoi, monsieur, vous êtes ce jeune officier du génie dont ma sœur m'a fait un si grand éloge?... éloge d'autant plus flatteur, qu'elle ne prodigue pas la louange.

BLANGY.

Mme de Verneuil a été fort indulgente pour moi..... Pendant mon séjour à Metz, elle a bien voulu m'admettre chez elle... me témoigner une bienveillance...

LE MARQUIS.

Vous le devez à votre conduite, à vos manières... mais c'est dans le sang... Monsieur votre père était militaire?

BLANGY.

Oui, monsieur..... soldat, il avait conquis tous ses grades sur nos champs de bataille... il est mort général de brigade.

LE MARQUIS.

Maréchal-de-camp.

BLANGY.

C'était sous l'empereur.

LE MARQUIS.

Oui... sous Bonaparte.... Et vous avez embrassé la même carrière?

BLANGY.

Sorti le premier de l'École, je suis entré dans le génie.

LE MARQUIS.

Si j'étais assez heureux pour vous être bon à quelque chose, disposez de moi.

BLANGY.

Monsieur le marquis, vous êtes trop bon.

LE MARQUIS.

A votre âge on a de l'ambition.

BLANGY.

La mienne est bien modeste.

LE MARQUIS.

Tant pis... avec du mérite on arrive à tout maintenant.

AIR *de Voltaire chez Ninon.*

J'ai quelque crédit au château,
Je puis... je n'ai qu'un mot à dire,
Obtenir un emploi nouveau.

BLANGY, *à part.*

S'il savait ce que je désire.

LE MARQUIS.

Allons, parlez-moi sans détour;
Car je voudrais... j'ai l'ame franche,
Pouvoir vous servir à mon tour... (*Mouv. de Blangy.*)
Vous me devez une revanche.

BLANGY.

Eh bien! monsieur..... je ne sais comment m'y prendre..... j'aurais un conseil à vous demander..... Je suis amoureux.

LE MARQUIS.

Fort bien... c'est de votre âge.

BLANGY.

Mais celle qui m'a inspiré l'amour le plus vrai... appartient à une famille qui a un nom... un rang...

LE MARQUIS.

Eh! monsieur, qui est-ce qui a un nom aujourd'hui?... Ne sommes-nous pas tous égaux?

BLANGY.

La noblesse de sa famille est fort ancienne.

LE MARQUIS.

Quand elle remonterait au déluge.

BLANGY.

Et moi, je suis plébéien.

LE MAQUIS, *souriant.*

C'est un avantage dont il ne faut pas trop abuser... Dans un pays où toutes les capacités sont appréciées, il n'y a plus de mésalliance possible.

BLANGY, *enchanté.*

Vraiment, monsieur!...

LE MARQUIS.

A quoi nous auraient servi les trente ans qui viennent de s'écouler, s'ils ne nous avaient pas appris à préférer les qualités, les talens aux frivoles avantages de la naissance.

BLANGY.

Quoi! monsieur, vous pensez ainsi?

LE MARQUIS.

Je suis de mon siècle... ma réputation constitutionnelle est faite... j'ai toujours été de l'opposition... dans mes discours.

BLANGY.

Ah! monsieur... tant de franchise... de bonté triomphent de mes scrupules, et je n'hésite plus à vous faire l'aveu de mes sentimens pour Mlle Eugénie.

LE MARQUIS.

Pour ma fille?

BLANGY.

Elle les ignore, monsieur, et sans les encouragemens que vous avez daigné me prodiguer, avec une bonté toute paternelle..... je n'aurais jamais osé vous les révéler à vous-même... peut-être cet aveu vous offense-t-il?

LE MARQUIS.

M'offenser!... ah! monsieur Blangy!... non; mais il m'afflige.

BLANGY.

Comment?

LE MARQUIS.

J'aurais eu beaucoup de plaisir à vous accorder la main de ma fille... mais il y a un obstacle... des engagemens antérieurs...

BLANGY.

Quoi! monsieur, vous avez promis la main de Mlle Eugénie, et elle consent à ce mariage?

LE MARQUIS.

Ma fille connaît ses devoirs..... elle n'a d'autres volontés que celles de son père... Je suis désolé... J'espère qu'il se présentera une autre occasion de vous être agréable, et je la saisirai avec empressement.

BLANGY, *à part.*

Plus d'espoir.

SCÈNE IX.

LES MÊMES, SIMON.

SIMON.

Monsieur le marquis, voici vos journaux.

LE MARQUIS.

Vous avez été au Palais, pour l'acte de naissance de Louise?

* Blangy, le Marquis, Simon.

SIMON.

Oui, monsieur... on va vous l'apporter tout-à-l'heure... Eh mais ! je ne me trompe pas... c'est M. Blangy.

BLANGY.

Bonjour, mon cher Simon.

SIMON.

Encore un que ma femme a nourri...

BLANGY.

Excellent homme !

SIMON.

Ça vous a reçu une éducation..... et ça n'en est pas plus orgueilleux..... Quand il était à Paris, il ne passait pas quinze jours sans venir voir ma pauvre défunte !... et pendant les deux ans qu'il a séjourné à Metz... une lettre tous les trois mois : il n'y a jamais manqué.

LE MARQUIS.

C'est très-bien... la reconnaissance est une vertu.

SIMON.

Du tout, monsieur... c'est un devoir... dans mon idée, du moins... (*A Blangy.*) Mon garçon, à présent j'habite l'hôtel de M. le marquis... la première porte en entrant à droite, au rez-de-chaussée.

LE MARQUIS.

Monsieur Blangy, pardon si je vous laisse... j'ai quelques ordres à donner pour ce soir... Vous ne m'en voulez pas?.. Vous nous restez à dîner?... oui... nous nous mettrons à table à sept heures, aussitôt après la signature du contrat. (*Il rentre dans l'appartement à droite.*)

SCÈNE X.

BLANGY, SIMON.

SIMON.

Eh bien ! qu'as-tu donc? est-ce que cette invitation-là te contrarie?... D'abord, je te préviens qu'on dîne très-bien ici..... M. le marquis fait honneur à sa fortune..... Mais tu ne m'avais pas dit que tu le connaissais... et lorqu'il nous est quelquefois arrivé de parler de lui, son nom te semblait inconnu.

BLANGY.

Pendant mon séjour à Metz... j'ai été reçu chez un de ses parens, où j'ai vu Mlle Eugénie.

SIMON.

Charmante personne... C'est une fille du second lit... Je ne l'ai pas élevée celle-là ; mais elle a pour moi plus d'amitié que sa sœur... Ah! tu l'as vue à Metz ! Eh ! eh! mon garçon... ce serait là une jolie petite femme de ménage.

BLANGY.

Je le pensais comme vous, tout-à-l'heure, trompé par les manières engageantes, le langage affectueux de M. le marquis.

SIMON.

Oh ! d'abor il a la langue dorée.

BLANGY.

Je me suis hasardé à lui témoigner le désir d'entrer dans sa famille... Et Dieu m'est témoin que je n'aurais pas ósé lui faire un semblable aveu, s'il ne m'avait le premier vanté son mépris des préjugés, ses principes d'égalité.

SIMON.

Il veut aller de pair avec tout de qui est au-dessus de lui... Voilà son égalité... Et que t'a-t-il répondu ?

BLANGY.

Il m'a dit qu'il avait des engagemens antérieurs.

SIMON.

C'est, comme ils disent, de la diplomatie.

BLANGY.

Qu'est-ce que cela signifie ?

SIMON.

Ce sont des mensonges... il veut la faire entrer dans un couvent.

BLANGY.

Est-il possible !... la sacrifier !...

SIMON.

Oui, pour que sa sœur ait toute la fortune à elle seule, deux cent mille livres de rente... comme si ce n'était pas assez de la moitié... Voilà de ces idées paternelles qu'on ne trouve que chez les grands seigneurs... Mais sois tranquille... nous ne le souffrirons pas.... Dis-moi', mon garçon, mam'selle Eugénie connaît-elle ton amour ?

BLANGY.

Je n'ai pas été maître de cacher ce que j'éprouvais ; et je pense qu'elle l'a deviné.

SIMON.

Eh bien ! il ne faut pas encore désespérer... Je verrai, je parlerai à M. le marquis.

BLANGY.

Y pensez-vous ? Je le sens bien, trop de motifs parlent contre moi... sans fortune, sans titres...

SIMON.

On vous en fera.

BLANGY.

Et puis dans ce tems-ci, ancien soldat de l'empereur...

SIMON.

Eh morbleu ! qui ne l'a pas servi ?.... des imbéciles dont il n'a pas voulu !... Va faire un peu de toilette, et reviens.

BLANGY.

Non ; vous avez beau dire... j'ai eu tort de m'abuser ainsi... Moi! prétendre à une alliance aussi brillante !

SIMON.

Est-ce qu'un garçon de mérite et d'honneur comme toi, n'est pas fait pour prétendre à tout ? Est-ce qu'il faut se décourager pour un premier échec ? Va donc faire ta toilette..... (*Il le pousse dehors.*) Qu'est-ce que ça te coûte d'aller faire un peu de toilette ? (*Blangy sort.*)

SCÈNE XI.

SIMON, *seul.*

Refuser un brave jeune homme dont la conduite a toujours été digne des plus grands éloges, que tous les pères s'honoreraient de nommer leur gendre... Oh ! je saurai bien le forcer à rendre sa fille heureuse.

AIR : *T'en souviens-tu.*

Il faudra bien que la raison l'emporte,
Et qu'il consente à combler leur espoir ;
Je ne suis rien qu'un concierge... n'importe...
J' sais ma consigne, et j' connais mon devoir.

Des importuns, quand s' présent' la cohorte,
J' dois, tant qu' je l' peux, l'empêcher d' pénétrer...
Mais quand l' bonheur vient frapper à la porte,
Suiss' de l'hôtel, je dois le faire entrer.

SCÈNE XII.

LE MARQUIS, SIMON.

LE MARQUIS, *avec impatience.*

Le notaire se fait bien attendre.

SIMON.

Je n'en suis pas trop fâché pour mon compte... Son absence va me donner le tems de causer avec vous.

LE MARQUIS.

Tu as à me parler.

SIMON.

Oui, monsieur le marquis.

LE MARQUIS.

Parle, je t'écoute... mais ne sois pas long.

SIMON, *à part.*

Du courage... (*Haut.*) Depuis votre retour de l'émigration... vous m'avez dit souvent : « Mon cher Simon, je te dois ma fortune, ma vie. »

LE MARQUIS.

C'est vrai... et je te le répète encore.

SIMON.

Quand vous êtes revenu des États-Unis, j'ai remis dans vos bras, Mlle Louise, votre fille, que nous avions élevée comme notre enfant chéri... Et ce jour-là, vous étiez si content... vous avez eu la bonté de me dire, en me prenant la main... ça voyez-vous, monsieur, c'est une action que je n'oublierai de ma vie... ce serrement de main.... c'est une récompense à laquelle je n'aurais jamais osé prétendre... Vous m'avez dit : « Simon, demande-moi ce que tu voudras. »

LE MARQUIS.

Et tu ne m'as rien demandé.

SIMON.

C'est l'occasion qui m'a manqué.

LE MARQUIS.

Eh bien! Simon, parle.... me voilà disposé à t'accorder tout ce que tu désireras, car je n'ai rien oublié de ce que je te dois.

SIMON.

Eh bien! monsieur le marquis, puisque vous daignez vous en souvenir... permettez-moi de profiter du jour où vous signez le contrat de mariage de Mlle Louise, pour vous demander le bonheur de votre seconde fille... afin que j'aie contribué à celui de toute la famille.

LE MARQUIS.

Comment! M. Blangy a eu l'indiscrétion...

SIMON.

Monsieur, je lui ai servi de père, il n'a jamais eu de secret pour moi... c'est un si brave jeune homme: il appartient à une honnête famille... son père était général... il avait des croix, des cordons, tout ce qui peut honorer un militaire... il était couvert de blessures... Napoléon l'a plus d'une fois appelé l'exemple de l'armée; et des paroles comme celles-là, dans la bouche de l'empereur, ça vaut un fameux parchemin.

LE MARQUIS.

Servir l'empereur... c'est là une singulière recommandation pour moi.

SIMON.

Eh mon Dieu! monsieur!

AIR *des Amazones.*

Vous r'cevez bien, et soit dit sans reproche,
Maint sénateur, magistrat, maréchal,
Qui, prudemment, ont porté dans leur poche
La fleur de lys et l'aigle impérial,
Et tour-à-tour rouge ou blanc; c'est égal.
Je les ai vus... du portier c'est l'office,
Car dans c't' hôtel, aux Tuil'ri's, comme ailleurs,
Vous sentez bien qu'on doit, quand on est suisse,
En voir passer de toutes les couleurs,
    On en voit de toutes les couleurs.

LE MARQUIS.

Quelle que soit son opinion... cette alliance n'est pas convenable.

SIMON.

Pas convenable! Un jeune homme de vingt-six ans, sur le compte duquel il n'y a pas le plus petit mot à redire... qui a du talent, du mérite... de la conduite... qui aime votre fille... qui en est aimé...

LE MARQUIS.

Simon...

SIMON.

Je ne vous ai jamais tourmenté pour moi ni pour les miens..... ce que je vous demande en ce moment, c'est encore dans votre intérêt..... c'est le bonheur de votre fille.

LE MARQUIS.

Je sais ce que j'ai à faire..... et je vous prie de cesser de vous mêler de ma famille..... ne me parlez plus de ce mariage.

SIMON.

Oh! je sais pourquoi..... mais je vous en parlerai aujourd'hui, demain... après-demain, tous les jours, jusqu'à ce que vous ayez cédé à mes prières.

LE MARQUIS.

Faudra-t-il vous le défendre?

SIMON.

Ça serait inutile... j'enfreindrais la défense.

LE MARQUIS.

Ceci passe toutes les bornes... Simon, vous oubliez...

SIMON.

J'oublie.... j'oublie.... c'est vous qui oubliez vos belles promesses..... « Ma fortune, ma vie, je te dois tout.... demande... demande... » Voilà ce que vous disiez, quand le danger et le service étaient encore présens à votre mémoire..... mais maintenant, ce n'est plus cela..... Vos enfans sont près de vous... vous n'avez plus à trembler, ni pour vos jours, ni pour vos richesses..... vous ne craignez plus rien... pas même d'être ingrat.

LE MARQUIS.

Simon... un pareil langage...

SIMON.

Je ne blesse que vos oreilles; et vous... vous me blessez là... au cœur.

LE MARQUIS.

Songez que je suis le maître chez moi.

SIMON.

A qui le devez-vous?

LE MARQUIS.

Insolent!... sortez.

SIMON, *en s'en allant.*

Je sors. (*A part.*) Pauvre mam'selle Eugénie!

(*Il sort par la porte à gauche.*)

SCÈNE XIII.

EUGÉNIE, LOUISE, LE MARQUIS, LE NOTAIRE *, CHŒUR.

CHOEUR.

AIR *de la Bayadère.*

Nous accourons avec plaisir,
Pour célébrer cette alliance;
C'est la beauté, c'est la naissance
Qu'ici l'amour va réunir.

CHARLOT, *remettant un papier au marquis.*

Monsieur le marquis, voici ce qu'on apporte du Palais.

LE MARQUIS, *au notaire.*

Monsieur Durmont, avant de passer au salon, ou Saint-Vallier et sa famille nous attendent, voyez s'il ne vous manque aucun papier.

LE NOTAIRE, *parcourant les papiers.*

Voici l'acte de naissance de M. le comte de Saint-Vallier... le consentement de son père... la note des biens qui composent la dot de la future... (*Au marquis.*) Ah! son acte de naissance à elle?

LE MARQUIS, *le lui donnant.*

Le voici... Dans l'instant on vient de me l'apporter.

LE NOTAIRE, *lisant.*

« Section Brutus... Quartid; 14 prairial an II, est née la citoyenne Marie-Louise, fille du citoyen Louis Simon, et de la citoyenne Jeanne Gaborit.

* Le Notaire, le Marquis, Louise, Eugénie.

TOUT LE MONDE, *riant.*

Citoyenne Simon !... section Brutus.

LE NOTAITE.

On s'est trompé... ce n'est point là l'acte de naissance qu'il nous faut.

LE MARQUIS.

Vous avez raison : ce n'est point l'acte qu'il faut, et pourtant c'est bien l'acte de naissance de ma Louise.

(*Étonnement général.*)

LOUISE, *alarmée.*

Que dites-vous, mon père ?

LE MARQUIS.

Rien de plus simple... Forcé de fuir en 1793, la marquise, qui était près d'accoucher, ne put me suivre, et je la confiai aux soins de Simon et de sa femme.

LOUISE, *à la société.*

Le suisse de l'hôtel.

LE MARQUIS.

En mon absence, Mme de Montluçon donna le jour à ma Louise... et Simon pensant peut-être avec raison qu'en déclarant à la municipalité d'alors le véritable nom de ma fille, il exposait les jours de sa mère, l'a fait inscrire, sur les registres de l'état civil, comme son enfant... c'est un acte de prudence... dont il faut lui savoir gré.

LE NOTAIRE.

C'est une rectification à faire faire par les tribunaux... La déclaration de M. Simon suffira... mais elle est indispensable.

LOUISE.

Il faut vous la faire donner sur-le-champ.

LE NOTAIRE.

Nous la ferons homologuer ensuite.

LE MARQUIS, *à un laquais.*

Dites à Simon de venir me parler... (*Le laquais sort.*) (*A la société.*) Veuillez passer au salon, je vous y rejoindrai dans l'instant. (*Embrassant Louise.*) Rassure-toi, mon enfant, ce n'est rien... c'est la chose la plus facile à arranger.

CHŒUR.

Nous accourons avec plaisir,
Pour célébrer cette alliance,
C'est la beauté, c'est la naissance
Qu'ici l'amour va réunir.

(*Louise, Eugénie et toute la société entrent dans le salon à droite.*)

SCÈNE XIV.

LE MARQUIS, *seul.*

Je suis fâché maintenant de ma vivacité avec Simon... Mais je le connais : c'est un brave homme... et d'ailleurs, avec les gens de sa condition, une mot flatteur... une politesse suffit pour les ramener.

SCÈNE XV.

SIMON, LE MARQUIS.

SIMON.

On m'a dit qu'avant mon départ, vous me demandiez, monsieur le marquis?

LE MARQUIS.

Avant ton départ!... Est-ce que vraiment tu songeais à me quitter?

SIMON.

Quand on me renvoie, je m'en vais.

LE MARQUIS.

Allons, mon ancien camarade..... mon vieil ami..... nous avons eu tort tous les deux..... mais il ne faut pas qu'un mouvement de vivacité... de colère même, fasse oublier des services et un attachement réels.

SIMON.

Que dites-vous?

LE MARQUIS.

Voyons..... c'est moi qui te tends la main..... la refuseras-tu?

SIMON.

Ah! monsieur le marquis..... c'est trop..... mille fois c'est trop; et puisque vous avez tant de bontés, mettez-y le comble, en m'accordant... vous savez bien...

LE MARQUIS, *avec douceur.*

Tais-toi, tais-toi... ne parlons pas de cela... Dans ce moment, il ne faut pas recommencer à nous fâcher... il s'agit d'ailleurs d'une chose plus importante.

SIMON.

Plus importante que le bonheur de votre fille ?

LE MARQUIS.

Celui de sa sœur aînée... Cet acte de naissance où elle est inscrite sous ton nom... il faut le faire rectifier.

SIMON.

Ah ah !

LE MARQUIS.

Et nous avons besoin de ta déclaration.

SIMON.

Vous avez besoin... (*A part.*) Je comprends maintenant la poignée de main.

LE MARQUIS.

Le notaire est là-dedans, et nous allons l'appeler.

SIMON, *froidement.*

A quoi bon?

LE MARQUIS, *souriant.*

A quoi bon?... mais c'est fort nécessaire, car les actes font foi ; et tant que Louise est inscrite sous ton nom, aux yeux de la loi, ce n'est plus ma fille... c'est la tienne.

SIMON, *réfléchissant.*

Vraiment !... si je signe ce qui en est, cela vous rendra donc un grand service ?

LE MARQUIS.

Certainement, un service dont ma reconnaissance...

SIMON.

De la reconnaissance !..... je ne m'y laisse plus prendre... Vous m'en aviez déjà promis *après*, cette fois il m'en faut *avant*.

LE MARQUIS.

Que veux-tu ? de l'argent... parle...

SIMON.

De l'argent !... à moi !... Ce que je veux, vous le savez bien.

LE MARQUIS.

Encore !...

SIMON.

Consentez au mariage de Mlle Eugénie... et dans l'instant, je déclare la vérité devant tout le monde.

LE MARQUIS.

Impossible, mon ami..... ce mariage ne peut avoir lieu... Pour moi, je ne demanderais pas mieux... mais quand j'y consentirais, est-ce que ma fille aînée, dont tu connais la fierté... est-ce que son mari, M. le comte de Saint-Vallier, voudraient avoir un pareil beau-frère?

SIMON.

Eh morbleu! monsieur...

LE MARQUIS.

Et puis, je ne t'ai pas tout dit..... Si Louise fait un si beau mariage... car dès demain elle aura le titre de duchesse... c'est d'après l'espoir, bien plus, d'après la promesse que j'ai donnée qu'elle aurait un jour ma fortune entière.

SIMON.

Ah! nous y voilà donc...

AIR *d'Aristippe*.

C'est pour qu' les aîné's soient duchesses,
Que l'on rétablit les couvens;
J'aurais vingt fils, moi qui suis sans richesses,
Qu' pour les presser sur mon cœur, je le sens,
Mes bras s'raient toujours assez grands.
Et d' deux enfans dont le ciel vous fit père,
Un seul s'lon vous a le droit d'être heureux;
Et dans vot' cœur que la fierté resserre,
Il n'y a pas mêm' plac' pour deux.

LE MARQUIS.

J'aime beaucoup Eugénie..... mais quand il y va de l'illustration d'une ancienne maison...

SIMON.

Et vous qui tous les jours, à la Chambre, défendez les droits de chacun...

LE MARQUIS.

La conduite politique et les sentimens de famille n'ont rien de commun.

SIMON.

C'est ça... on parle bien et on se conduit mal... Eh bien ! morbleu ! je suivrai votre exemple.

LE MARQUIS.

Quoi ! tu soutiendrais que tu es le père de Louise?

SIMON.

Je ne dis pas cela.

LE MARQUIS.

Tu conviens donc?...

SIMON.

De tout ce que vous voudrez entre nous deux... Oui, monsieur le marquis, Mlle Louise est bien votre fille... c'est une satisfaction que je vous donnerai toutes les fois que nous ne serons que nous seuls.

LE MARQUIS.

Que veux-tu dire?

SIMON.

Mais quand nous serons trois.... et plus.... alors ce sera mon tour... ce sera ma fille à moi.

LE MARQUIS.

Tu aurais l'audace d'avancer une telle imposture?

AIR *dú vaudeville du Baiser au Porteur.*

SIMON.

Pour vous fléchir, à cette ruse
Je n' pensais guère, j'en convien,
Mais le hasard me l'offre, et moi j'en use.

LE MARQUIS.

Eh quoi! Simon, vous, un homme de bien,
Vous vous servez d'un semblable moyen?

SIMON.

Oui, je fais mal, il faut le reconnaître;
Mais en voyant, ça doit m' déterminer,
Le bien que j' f'rai, Dieu n'aura pas peut-être
La force de me condamner.
Oui, je l'espèr', Dieu n'aura pas peut-être
La force de me condamner.

LE MARQUIS.

Morbleu! j'aurai raison d'un pareil entêtement... et les tribunaux...

SIMON.

Je ne les crains point... Les actes font foi... vous me l'avez dit vous-même.

SCÈNE XVI.

LOUISE, SIMON, LE MARQUIS.

LOUISE.

Mon père... mon père...

SIMON, *se retournant.*

Qu'est-ce que vous me voulez, Louison?

LE MARQUIS, *avec colère.*

Simon!...

SIMON.

Comptez, nous sommes trois, monsieur.

LOUISE.

Qu'est-ce que cela signifie?

LE MARQUIS.

Parle.

LOUISE, *au marquis.*

On vous demande au salon..... on vient de la part du roi... il paraît que sa majesté veut aujourd'hui même... ce soir, signer au contrat.

LE MARQUIS, *passant au milieu* *.

Est-il possible!... quel honneur... et quel scandale!

LOUISE.

Est-ce que vous n'avez pas terminé avec Simon, pour cette déclaration?

LE MARQUIS.

Il refuse de la signer.

LOUISE.

Pour quelle raison?

LE MARQUIS.

Il lui convient de soutenir que tu es sa fille.

---

* Louise, le Marquis, Simon.

LOUISE, *prête à s'évanouir.*

Sa fille... ah!...

SIMON.

Quel accès de tendresse filiale!

LE MARQUIS.

Reviens à toi... rien n'est désespéré... je vais prévenir Saint-Vallier..... gagner du tems, et surtout tâcher que rien ne transpire au dehors. (*Il va pour rentrer dans l'appartement à droite, et, au moment de sortir, s'adressant à Simon avec hauteur.*) Vous réfléchirez, Simon, sur les conséquences de votre conduite... et si vous avez cru me faire céder... (*Bas à Louise.*) Parle-lui... je ne veux pas m'abaisser à le prier... mais toi qu'il a toujours aimée... flatte-le... supplie-le... et par tous les moyens possibles, tâche de vaincre une obstination pareille. (*Il sort.*)

SCÈNE XVII.

LOUISE, SIMON.

LOUISE, *à part.*

Le prier!... quelle humiliation!

SIMON.

Eh bien! approche.... approche, Louison... Qu'est-ce que tu as à me demander?... (*Avec satisfaction.*) Qu'est-ce que tu as?... Je puis donc encore la tutoyer à mon aise.

LOUISE.

Monsieur Simon, est-il possible que vous vouliez absolument que je sois votre fille?

SIMON.

Et pourquoi pas?... tu l'as bien été une fois... tu peux bien l'être deux.

LOUISE.

Certainement je n'oublie pas ce que vous et votre femme avez fait pour moi... mais, malgré moi... il y a une voix intérieure qui me dit...

SIMON.

C'te voix, c'est l'orgueil... je te conseille de ne pas l'écouter... Dis, Louison, est-ce que tu n'étais pas heureuse avec nous?... est-ce que tu ne faisais pas toutes tes volontés?..... Je sais bien que ton autre père n'est pas désagréable.

LOUISE.

Mon autre père...

SIMON.

Mais quoiqu'il soit riche et marquis, il ne peut pas t'aimer comme je t'aimais... moi qui t'ai-vu naître, grandir, embellir... t'ai-je caressée, dorlotée?... il n'y a pas de princesse qui ait été gâtée comme toi... et j'en porte aujourd'hui la peine... voilà ce qu'on gagne à mal élever les enfans.

LOUISE.

Monsieur Simon!...

SIMON.

Quelle leçon pour les pères et mères!...

LOUISE.

Eh bien! j'en appelle ici à cette tendresse dont vous me parlez... pourquoi voulez-vous me nuire... me faire du tort?

SIMON.

Te faire du tort... morbleu!

LOUISE.

Ce n'est pas cela que je veux dire.... mais pourquoi persister dans une pareille résolution.... vous qui m'avez toujours aimée?...

SIMON.

Si douce maintenant, et si bonne... et elle aussi... on voit qu'elle a besoin de moi... c'est le même sang... c'est bien la fille de son père... (*Haut.*) Il n'importe... moi d'abord je suis faible... je ne peux rien refuser, quand on me caresse...

LOUISE, *s'appuyant sur lui, d'un ton caressant.*

Vous qui ne voulez que mon bonheur..... mon cher Simon... mon second père!

SIMON.

Tu peux bien dire mon premier...

LOUISE.

Eh bien ! mon premier... mon véritable ami...

SIMON, *la tenant dans ses bras.*

L'y voilà donc... Voyons, qu'est-ce que tu veux ?

LOUISE.

Que vous ne vous opposiez plus à mon mariage... un mariage qui fait que je serai duchesse... que je serai présentée à la cour.

SIMON.

Ce n'est que ça ?... eh bien ! mon enfant, je te l'accorde... (*petit mouvement de joie de Louise.*) à une condition qui dépend de toi.

LOUISE.

Et laquelle ?

SIMON.

Tu me le demandes ?... le bonheur de ta sœur.

LOUISE.

Ah ! pour ce qui est de moi, je consens à tout.

SIMON.

Vraiment !... c'est bien... un obstacle de moins... je ne le croyais pas.

LOUISE.

Mais M. de Saint-Vallier voudra-t-il d'un pareil beau-frère ?

SIMON.

C'est à toi de l'y déterminer... s'il aime ta fortune, il sentira qu'il vaut mieux la partager que la perdre tout-à-fait... et s'il n'aime que toi, il ne pourra te résister.

LOUISE.

Mais mon père...

SIMON.

Ça ne me regarde pas.

LOUISE.

M. Blangy est sans naissance... sans titres...

SIMON.

Ça te regarde... je n'ai pas comme toi, là, au salon, un oncle garde-des-sceaux, qui m'a promis ce que je voudrais pour mon présent de noces.

LOUISE.

Oui, oui, monsieur Simon... je comprends... vous serez content de moi.

SIMON.

A la bonne heure... te voilà bonne fille... tu en seras récompensée..... viens m'embrasser..... (*Louise hésite.*) Eh bien!... est-ce que tu vas encore faire la grande dame?

(*Louise l'embrasse et sort.*)

SCÈNE XVIII.

SIMON, *seul.*

Allons, allons... voilà ma cause à moitié gagnée.

SCÈNE XIX.

SIMON, BLANGY.

BLANGY.

Je viens, monsieur Simon, vous faire mes adieux.

SIMON.

Tes adieux... qu'est-ce que cela signifie?

BLANGY.

Que je ne puis rester dans ce salon, où tous les yeux semblent fixés sur moi... les uns avec mépris... les autres avec colère..... et si je ne me retenais!..... mais il vaut mieux partir... Adieu, Simon.

SIMON.

Partir!... quand tout nous réussit... quand tout le monde travaille en ta faveur... Reste encore, reste avec nous... ça va mieux que tu ne crois... Je t'ai promis de te marier, et le père Simon tient toujours sa parole.

BLANGY.

C'est impossible...

SIMON.

Tu le verras.

AIR : *Connaissez-vous le grand Eugène.*

Par tes vertus, ton caractère,
Tu méritais bien d'être heureux ;
Tu le seras... c'est mon affaire,
Ce soir on comblera tes vœux :
Bonne demoiselle Eugénie,
Le vieux Simon mourra content ;
Vos bontés m'ont sauvé la vie,
Moi, je vous sauve du couvent.

BLANGY.

C'est en vain que vous voulez me retenir, mon cher Simon..... je n'ai plus aucun espoir, et voici M. le marquis dont je vais prendre congé.

SIMON.

Pas encore... (*Voyant le marquis qui entre avec Louise.*) Allons, je vois que Louise m'a tenu parole.

SCÈNE XX ET DERNIÈRE.

LES MÊMES, LOUISE, LE MARQUIS, *et ensuite* EUGÉNIE *.

LOUISE, *à son père.*

Oui, mon père, oui je vous le répète... M. de Saint-Vallier ne s'y oppose pas... et quand le mariage d'Eugénie devrait diminuer mes espérances de fortune...

SIMON.

Vous l'entendez... il se contentera de cent mille livres de rente... Brave homme !

LE MARQUIS, *embarrassé.*

Je n'attendais pas moins de sa générosité.

LOUISE.

Et mon oncle, qui n'a rien à me refuser, accordera... à mon beau-frère... le titre de baron.

SIMON.

Vous le voyez... le voilà baron comme tout le monde,

---

* Le Marquis, Louise, Simon, Blangy.

BLANGY.

Moi !

LE MARQUIS.

Baron, baron !... Une noblesse qui date d'aujourd'hui, de 1816.

SIMON.

Eh mon Dieu! monsieur, 1816 vaut bien 1618.

AIR : *Il me faudra quitter l'empire.*

De nos soldats il partagea la gloire,
Aux champs d'honneur il a brillé comme eux ;
C'est l' fils d'un brav', l'enfant de la victoire.
IÉNA, WAGRAM... voilà tous ses aïeux.
En savez-vous qui vaillent beaucoup mieux.
Pour fonder une renommée
Et pour noircir des parchemins récens,
Du canon la noble fumée
Vaut bien la poussière du tems.

LE MARQUIS, *à Louise.*

Encore !... Mon enfant, tout cela est fort bien... mais la conduite de Simon à mon égard... ses menaces de tantôt... et je pourrais... moi... non, non, décidément, je ne lui céderai pas.

SIMON.

Vous nous refusez?

LE MARQUIS.

Oui... et vous Simon, je vous renvoie, je vous chasse.

SIMON.

Encore !..... la seconde fois d'aujourd'hui !..... nous chasser, lui et moi, qui tous deux, et à des époques différentes, nous vous avons sauvé la vie... Vous en serez puni... (*Prenant Louise par la main.*) Allons, Louison, à la loge, Louison...

TOUS.

O ciel ! que dites-vous ?

SIMON.

La loi me permet d'emmener ma fille, et je l'emmène.

LE MARQUIS.

Quelle honte pour ma famille..... (*A Simon.*) Simon, Simon, que fais-tu ?

BLANGY.

Arrêtez Simon ; je me reprocherais toute la vie d'avoir porté le trouble et la désunion dans la famille de monsieur... Le sacrifice de mon bonheur suffira pour ramener la paix... (*Il veut sortir.*)

EUGÉNIE.

Monsieur Blangy !... Ah ! malheureuse ! (*Elle tombe sur un fauteuil.*)

LOUISE, *accourant vers son père.*

Ma sœur, ma bonne sœur... Ah ! je n'y tiens plus... Mon père, je vous le déclare, je ne puis pas être heureuse aux dépens du bonheur de ma sœur.

LE MARQUIS, *embarrassé.*

Eh bien ! Simon... cela dépend de toi maintenant.

SIMON.

Ah ! vous me rappelez... je devrais à mon tour vous refuser... j'en ai bien envie... mais je n'en ai pas le cœur... Mlle Louise, je vous permets d'être duchesse.

LOUISE, *courant dans ses bras.*

Ah ! ah ! monsieur Simon !

SIMON.

Elle y vient d'elle-même cette fois-ci... c'est bien... et prêt à y renoncer, je sens mon amitié de père qui me revient... Mais je l'ai dit... je signerai, je ferai tout ce qu'on voudra... (*A Eugénie.*) Mademoiselle Eugénie, vous voilà heureuse, nous sommes quittes... Eh ! eh ! monsieur le baron, je vous l'avais bien dit.

BLANGY.

Mais, par quel miracle ?

SIMON.

Par le miracle des protections... Le crédit du suisse de l'hôtel n'est pas toujours à dédaigner... Les grands protégent... les petits obligent.

CHŒUR.

AIR *du Dieu et la Bayadère.*

Que la gaîté } renaisse,
Que le bonheur }
Que les cœurs soient contens,
Désormais { ma / sa } tendresse
Est toute à { mes / ses } enfans.

FIN.

RÉPERTOIRE
DU THÉATRE DE MADAME,

PAR

MM. SCRIBE, MÉLESVILLE, G. DELAVIGNE, MAZÈRES, BAYARD, DELESTRE-POIRSON, DUPATY, SAINTINE, VARNER, DECOURCY, DEVILLENEUVE, FRANCIS, BRAZIER, DUPIN, CARMOUCHE, ST.-LAURENT, DUMERSAN, CHABOT, DE ST.-GEORGES, ETC.

GRAND IN-32,

Imprimé par CRAPELET, sur papier jésus vélin satiné.

Prix : 1 fr. la livraison.

CHAQUE PIÈCE SE VEND SÉPARÉMENT.

En Vente :

1. Le Mariage de Raison.
2. Michel et Christine.
3. La Lune de Miel.
4. L'Héritière.
5. La Demoiselle à Marier.
6. Le Charlatanisme.
7. Simple Histoire.
8. Rodolphe.
9. Le Coiffeur et le Perruquier.
10. La Quarantaine.
11. L'Ambassadeur.
12. La Belle-Mère.
13. La Mansarde des Artistes.
14. L'Intérieur d'un Bureau.
15. Le Baiser au Porteur.
16. Le Diplomate.
17. L'Auberge, ou les Brigands.
18. Une Visite à Bedlam.
19. La Loge du Portier.
20. Le Confident.
21. Les Premières Amours.
22. Le Secrétaire et le Cuisinier.
23. Un Dernier Jour de Fortune.
24. Vatel.
25. La Marraine.
26. Les Grisettes.
27. Le Médecin de Dames.
28. Les Femmes Romantiques.
29. La Haine d'une Femme.
30. La Maîtresse au Logis.
31. Le Mal du Pays.
32. Le Vieux Mari.
33. La Chatte.
34. Le Plus Beau Jour de la Vie.
35. Le Nouveau Pourceaugnac.
36. Les Adieux au Comptoir.
37. Les Elèves du Conservatoire.
38. Le Menteur Véridique.
39. La Demoiselle et la Dame.
40. Le Comte Ory.
41. Coraly.
42. Le Solliciteur.
43. Yelva, ou l'Orpheline Russe.
44. Le Bal Champêtre.
45. La Charge à Payer.
46. Les Manteaux.
47. Les Inséparables.
48. La Pension Bourgeoise.
49. La Vérité dans le Vin.
50. L'Oncle d'Amérique.
51. Le Baron de Trenck.
52. La Somnambule.
53. L'Ours et le Pacha.
54. Le Château de la Poularde.
55. Les Deux Précepteurs.
56. Le Dîner sur l'Herbe.
57. L'Écarté, ou un Coin du Salon.
58. Partie et Revanche.
59. Le Mauvais Sujet.
60. Le Parlementaire.
61. L'Avare en Goguette.
62. M. Tardif.
63. Frontin Mari-Garçon.
64. La suite de Michel et Christine.
65. Le Ménage de Garçon.
66. La Nouvelle Clary.
67. Les Empiriques d'Autrefois.
68. Rossini à Paris.
69. Trilby, ou le Lutin d'Argail.
70. Le Bon Papa.
71. Le Fondé de Pouvoirs.
72. La Manie des Places.
73. Les Moralistes.
74. Malvina.
75. Théobald.
76. Mme de Sainte-Agnès.
77. La Bohémienne.
78. Le Leycester du faubourg.
79. Le Plan de Campagne.

CHEZ { *POLLET, rue du Temple*, n° 36.
BARBA, au Palais-Royal, galerie de Chartres.

LE SOPRANO,

COMÉDIE-VAUDEVILLE EN UN ACTE;

Représentée, pour la première fois, à Paris, sur le théâtre du Gymnase dramatique, le 30 novembre 1831.

Scribe

EN SOCIÉTÉ AVEC M. MÉLESVILLE.

PERSONNAGES.

LE CARDINAL DE TRIVOGLIO.
LE PRINCE DE FORLI, son neveu.
GERTRUDE.
GIANINO.
GUIMBARDINI.
UN DOMESTIQUE.
DOMESTIQUES.

La scène se passe à Rome, dans le palais du cardinal.

LE SOPRANO.

Le théâtre représente un superbe appartement orné de peintures, de vases, statues, etc. Sur le devant de la scène, à gauche de l'acteur, une table couverte d'un tapis.

SCÈNE PREMIÈRE.

GUIMBARDINI, SEUL, TIRANT SA MONTRE.

Le cardinal ne paraît pas, ni personne de sa maison, c'est que je lui prouverais bien qu'un artiste n'est pas fait pour attendre, si ce n'étaient les deux heures un quart d'antichambre que j'ai déjà faites, et qui seraient tout-à-fait en pure perte. J'ai déjà regardé tous les tableaux, toutes les gravures, et je vais être obligé de recommencer. Quel beau palais!... quels beaux meubles!... c'est ici qu'habite la richesse; et moi, qui depuis si long-temps cours après elle, moi, Guimbardini, musicien distingué, à qui la scélérate tient toujours la dragée si haute, qu'il n'y a pas de gamme ascendante qui y puisse arriver.

AIR de Rien de trop.

Ut, ré, mi, fa, sol, la, si, ut...
A chaque air, à chaque sonate,
Je crois enfin toucher au but;
Mais la fortune est une ingrate!

J'ai beau la poursuivre en chantant,
A m'éviter elle s'applique,
Et je crois que décidément
Elle n'aime pas la musique.

Et de toutes mes avances, il ne me reste que ma fierté, apanage du véritable artiste qui n'en a pas d'autre. (Regardant vers la droite.) Qu'est-ce que je vois-là? une femme! (saluant plusieurs fois) c'est par elles qu'on parvient.

SCÈNE II.

GERTRUDE, GUIMBARDINI.

GERTRUDE.

Quel est cet original-là?

GUIMBARDINI.

Je vois que madame est de la maison...

GERTRUDE.

Femme de charge de son éminence, rien que cela.

GUIMBARDINI.

On disait bien que le cardinal était un homme de goût, et cela me rassure; qui aime la beauté doit aimer les arts, tout cela se touche, tout cela est de la même famille; c'est à ce titre que je réclamerai la protection de la signora.

GERTRUDE.

Que voulez-vous?

GUIMBARDINI.

Une audience que je lui ai demandée déjà plusieurs

fois par écrit, et je venais moi-même chercher une réponse.

GERTRUDE.

Que vous attendez?...

GUIMBARDINI.

Depuis deux heures vingt minutes; et quoique, par état, j'aie l'habitude de compter les pauses, je trouve la tenue un peu longue.

GERTRUDE.

Monsieur est, à ce que je vois...

GUIMBARDINI.

Guimbardini, artiste, organiste, et célèbre compositeur, élève de Pergolèse.

GERTRUDE.

Vraiment!

GUIMBARDINI.

J'ai été élevé, nourri dans sa maison, fils de sa cuisinière, la servante maîtresse, *serva padrona*; j'avais quatre ans quand il est mort, ce grand homme, et chez lui, je tournais déjà la broche en mesure, la mesure à quatre temps. Le sentiment de la musique, tout le monde l'avait dans la maison. Puissant génie! toi qui fus mon maître, d'autres disent davantage, c'est possible! je n'en ai jamais été plus fier, ni ma mère non plus; mais cela expliquerait ce sang musical qui coule dans mes veines; et cette fièvre qui ne me quitte pas, voyez plutôt...

(Il lui prend la main.)

GERTRUDE, retirant la sienne.

Monsieur!...

GUIMBARDINI.

N'ayez pas peur, cela ne se gagne pas; bien plus, ça ne fait rien gagner, car voilà où j'en suis, musicien jusqu'au bout des doigts, des chants heureux, un orchestre superbe, vingt partitions dans la tête, et pas un sou dans la poche.

GERTRUDE.

Et comment cela se fait-il?

GUIMBARDINI.

La fatalité! J'ai dix opéras, autant de messes... *Te Deum*, *de profundis*, *et cætera*, je n'ai jamais pu en faire entendre une seule note, jamais!

GERTRUDE.

Est-il possible!

GUIMBARDINI, tristement.

Il n'ont pas voulu. J'ai mis les opéras en messes, les messes en opéras, et il ne s'est pas rencontré un seul directeur de spectacle assez hardi pour les recevoir et pour les jouer.

AIR du vaudeville du Baiser au Porteur.

Et cependant quel orchestre magique!
Bassons, clairons, tamtam... et dans les chœurs,
Quel tintamarre! Enfin à ma musique
Rien ne manquait, rien que des auditeurs.
Il ne manquait rien que des auditeurs.
Monde ignorant! insensible aux merveilles!
Je n'ai donc pu, c'est à se dépiter,
Dans ce grand siècle, où l'on voit tant d'oreilles,
En trouver deux pour m'écouter.

GERTRUDE.

Est-ce malheureux!

GUIMBARDINI.

Pour mon siècle! oui, signora; aussi, emportant ma gloire en portefeuille, et sachant que monseigneur venait de renvoyer l'organiste attaché à sa maison, j'ose me mettre sur les rangs, en demandant seulement la faveur de vous faire entendre une fugue que j'ai là et que je compte vous dédier.

GERTRUDE.

A moi?

GUIMBARDINI.

Oui, signora.

GERTRUDE.

Au fait, moi qui voulais apprendre le piano, sans que cela me coûtât rien, voilà une occasion.

GUIMBARDINI.

Admirable! et si, par votre protection, je puis être admis dans le palais de monseigneur, comptez que mon zèle, mon dévouement... toujours à vos ordres, toujours prêt à vous accompagner... au piano, comme ailleurs.

GERTRUDE.

Je ne dis pas non, nous verrons. J'avais autrefois du pouvoir sur monseigneur, il ne faisait rien sans me consulter; mais depuis que son neveu, le prince de Forli, est venu s'établir dans ce palais, il ne voit que lui, n'aime que lui; les neveux font toujours du tort aux gouvernantes.

GUIMBARDINI.

Surtout dans le clergé.

Air de Julie.

Raison de plus, près de son éminence,
Un homme à vous ferait très bien;
C'est bon d'avoir, en toute circonstance,
Un allié... fût-ce un musicien!...
Oui, vous verriez, par mes soins bénévoles,
Tous vos discours soutenus, approuvés...
La musique, vous le savez,
Fait souvent passer les paroles.

GERTRUDE.

C'est possible; et si j'étais sûre que vos bonnes mœurs... votre probité...

GUIMBARDINI.

Droit comme une gamme naturelle.

GERTRUDE.

Où étiez-vous dernièrement?

GUIMBARDINI.

A Velletri, organiste de la paroisse; dans la semaine, j'enseignais la musique aux jeunes filles et aux enfans de chœur, et je touchais l'orgue le dimanche.

GERTRUDE.

Et pourquoi avez-vous quitté cette ville?

GUIMBARDINI.

Pour un motif, un motif musical. Il y avait à Velletri un grand jeune homme, beau brun, un serpent de la paroisse, qui était amoureux d'une de mes élèves, une petite femme charmante, que je venais d'épouser!... Je n'ai jamais aimé les serpens.

GERTRUDE.

Comment! vous êtes marié? vous ne savez donc pas qu'on ne reçoit point de femmes au palais cardinal?

GUIMBARDINI.

Rassurez-vous, je l'ai perdue.

GERTRUDE.

A la bonne heure.

GUIMBARDINI.

Je puis le dire; car je ne sais ce qu'elle est devenue.

(Il chante.)

« J'ai perdu mon Eurydice,
« Rien n'égale ma douleur. »

Mais, si aucune femme n'est admise, comment se fait-il que vous, signora?

GERTRUDE.

Je dis aucune femme, à moins qu'elle ne soit d'un âge... quarante ans pour le moins.

GUIMBARDINI.

A ce compte, signora, vous qui me parliez de probité, vous avez trompé son éminence.

GERTRUDE, souriant.

Vraiment!

GUIMBARDINI.

Je m'y connais à la minute, et à l'heure; et vous avancez de dix bonnes années au moins.

GERTRUDE.

Il e.t charmant monsieur l'organiste.

Air : Quelle aimable et douce folie.

Mais partez... car je crois entendre
La voix de monseigneur... c'est lui!
Dans ces lieux revenez m'attendre,
Je promets d'être votre appui.

GUIMBARDINI, à part.

L'ouverture n'est pas mauvaise...
Et pourvu, *caro maestro*,

Que l'introduction leur plaise,
Mon succès ira *crescendo*.

ENSEMBLE.

GERTRUDE.

Mais partez... car je crois entendre
La voix de monseigneur... c'est lui !
Dans ces lieux revenez m'attendre,
Je promets d'être votre appui.

GUIMBARDINI.

Bientôt ici je vais me rendre,
Vous me présenterez à lui...

(A part, montrant Gertrude.)

A quoi ne puis-je pas m'attendre
Avec un si solide appui?

(Il sort par le fond.)

SCÈNE III.

LE CARDINAL, GERTRUDE.

LE CARDINAL, entrant par la droite.

C'est inimaginable, et je ne sais pas comment je vais sortir de là. (A son domestique, qui le suit.) Qu'on mette mes chevaux.

(Le domestique sort.)

GERTRUDE.

Il a l'air agité.

LE CARDINAL.

Ah! c'est vous, ma chère madame Gertrude?

GERTRUDE.

Est-ce que votre éminence va sortir?

LE CARDINAL.

Je vais au Vatican.

GERTRUDE.

De si bonne heure!

LE CARDINAL.

Il le faut bien, les affaires, j'en suis accablé; et puis, cela va mal, je n'ai pas d'appétit.

GERTRUDE.

Monseigneur a si bien dîné hier.

LE CARDINAL.

Je n'ai pas d'appétit ce matin; et le mouvement, le grand air, me disposeront peut-être à déjeuner. On servira à mon retour.

GERTRUDE.

Oui, monseigneur. Mais votre éminence est dans un état de préoccupation qui m'inquiète.

LE CARDINAL.

Oui, oui, c'est vrai; je rêve, je pense; je ne suis pas dans mon état naturel; et moi qui aime à digérer tranquillement, et sans que rien me tourmente, je me trouve, grâce au prince de Forli, mon neveu, dans un embarras dont je ne sais comment me tirer.

GERTRUDE.

Et comment cela?

LE CARDINAL.

Imaginez-vous; car je vous dis tout, ma bonne madame Gertrude, surtout quand ça va mal; imaginez-vous que j'avais médité pour lui, depuis longtemps, un mariage magnifique, la nièce du cardinal Cagliari, qui est si influente au sacré collége; car moi je ne pense qu'à mon neveu, et à son bonheur. Le cardinal me faisait nommer secrétaire-d'état, et au prochain conclave, en réunissant nos votes, que Dieu prolonge les jours de notre souverain actuel!... mais il est bien vieux, bien cassé; on a parlé d'un catharre, et même de deux médecins appelés hier près de sa sainteté!... enfin, il y a des espérances.

GERTRUDE, avec joie et explosion.

Est-il possible!

LE CARDINAL, la modérant.

Taisez-vous, taisez-vous, mon enfant; il ne faut pas avoir de mauvaises pensées, cela porte malheur. Et pour en revenir à ce mariage, mon neveu m'avait dit : « Faites comme pour vous, mon oncle, cela « m'est égal. » Alors j'avais été en avant, tout avait été conclu hier entre nous; le cardinal, sa nièce, et jusqu'à sa sainteté qui a donné son agrément; il ne manque qu'un consentement, un seul, celui de mon neveu, et ce matin il refuse, il ne veut plus entendre parler de mariage.

GERTRUDE.

Et qu'est-ce qu'il objecte?

LE CARDINAL.

Que la prétendue est laide! c'est possible; je ne demande pas qu'il l'adore, mais qu'il l'épouse.

GERTRUDE.

C'est juste, et dès que cela vous rend service;... mais ne pourrait-on pas le gagner par la persuasion et la douceur?

LE CARDINAL.

Est-ce que je ne fais pas tout pour lui? est-ce que je lui refuse rien? Il a voulu une meute, des chevaux anglais, il n'a eu qu'à parler; il a désiré une *villa*, une maison de campagne, une galerie de tableaux, je les lui ai données; et tout cela, sur les revenus de l'église.

GERTRUDE.

Quelle bonté! quelle générosité!

LE CARDINAL.

Hier encore, il paraît qu'on a entendu au Vatican, devant le pape, un soprano magnifique, une voix admirable, dont il est revenu ravi, enthousiasmé! Selon lui, il n'y a jamais eu rien de pareil; et dans son amour pour les arts, il m'a persuadé, moi, que je devais les encourager, les protéger, et offrir à ce jeune artiste un logement ici, dans mon propre palais.

GERTRUDE.

Et vous y avez consenti?

LE CARDINAL.

Il l'a bien fallu. Je fais tout ce qu'il veut, pour être le maître, car je donnerais tout au monde à celui qui le déciderait à ce mariage; mais tout a été inutile, et je ne sais maintenant quel moyen employer.

SCÈNE IV.

LES PRÉCÉDENS; UN DOMESTIQUE.

LE DOMESTIQUE

Un jeune homme qui a reçu une invitation de monseigneur demande à lui parler, il signor Gianino.

LE CARDINAL.

C'est notre soprano. J'ai bien le temps de le recevor, moi qui vais au Vatican; chargez-vous de ce soin, ma chère madame Gertrude.

GERTRUDE.

Moi, monseigneur? Je ne peux pas souffrir ces gens-là.

LE CARDINAL.

D'où vient?

GERTRUDE.

Je ne sais... je ne peux pas expliquer à monseigneur.

LE CARDINAL.

Si, si... je vous comprends; mais priez-le seulement de déjeuner ici, avec moi et mon neveu.

GERTRUDE.

Si votre éminence l'exige?

LE CARDINAL.

Sans doute. (Au domestique.) Les chevaux sont mis?

LE DOMESTIQUE.

Oui, monseigneur.

LE CARDINAL.

Mes gants violets! (Le domestique les donne à Gertrude, qui les présente au cardinal.) Je reviendrai bientôt; un déjeuner léger. (Il fait un pas pour sortir et revient.) Ah! je n'y pensais plus, car mon neveu me fait tout oublier; on servira cette truite, dont je n'ai mangé hier que la moitié; elle était excellente.

GERTRUDE.

Oui, monsieur.

LE CARDINAL.

Une truite du lac de Genève. Quel dommage que ce soit un canton protestant! De si bon poisson!

Adieu, adieu! Ah! ma pauvre Gertrude, je suis bien tourmenté! (*Il va pour sortir. Revenant.*) Sauce genevoise, entendez-vous.

(*Il sort par le fond; le domestique le suit.*)

SCÈNE V.

GERTRUDE, SEULE.

Faire les honneurs du palais au signor Gianino! Encore un qui vient s'établir chez nous, encore un qui voudra s'emparer de l'esprit de monseigneur, et le gouverner aussi; c'était déjà bien assez de moi et de son majordome. Celui-là est un si honnête homme, qui s'enrichit de son côté, moi du mien; et nous aurions déjà fait une fin, si ce n'était monseigneur qui ne veut pas qu'on se marie chez lui; il tient tant aux mœurs! Ah! voilà notre nouveau commençal, ce beau chérubin.

SCÈNE VI.

GERTRUDE, GIANINO.

GIANINO, *timidement.*

On m'a dit, madame, que monseigneur le cardinal de Trivoglio était sorti.

GERTRUDE, *brusquement.*

Oui, signor; il vous prie de l'attendre, et de déjeuner ici avec son neveu. Voilà ma commission faite; Adieu.

(*Elle va pour sortir.*)

GIANINO, *timidement.*

Un mot, de grâce, signora.

GERTRUDE.

Quelle voix douce! Que ces gens-là ont un air câlin!

GIANINO.

Je suis si heureux de rencontrer ici une personne telle que vous, une femme!...

GERTRUDE.

Qu'est-ce que cela lui fait, je vous le demande?

GIANINO, *de même.*

Une personne, enfin, de qui je puisse recevoir des renseignemens et des conseils.

GERTRUDE, *avec aigreur.*

Des conseils! vous n'en avez pas besoin. Protégé par le prince, reçu par son oncle, vous voilà déjà de la maison.

GIANINO.

C'est que justement je voudrais ne pas en être.

GERTRUDE.

Est-il possible!

GIANINO.

Et je ne sais comment refuser.

GERTRUDE, *avec affection.*

Parlez, mon enfant, parlez sans crainte: car il est vraiment gentil, ce petit signor; et malgré soi on s'intéresse à lui. Vous disiez donc, mon bel enfant...

GIANINO.

Que seul, sans amis, sans protection dans cette ville, je suis trop heureux d'avoir celle du cardinal de Trivoglio, qui m'arrive je ne sais comment, et que je tiendrais beaucoup à conserver. Mais, d'un autre côté, il m'offre dès aujourd'hui un appartement ici, près de lui, dans son palais; et il m'est impossible d'accepter.

GERTRUDE.

Et pourquoi donc?

GIANINO.

Faut-il tout vous dire?

GERTRUDE.

Certainement.

GIANINO.

Et vous ne me trahirez pas? Ce serait bien mal.

GERTRUDE.

Je n'ai jamais trahi personne, je vous prie de le croire.

GIANINO.

C'est qu'il y va de mon sort, de mon repos.

GERTRUDE.

Soyez tranquille. Eh bien?

GIANINO.

Eh bien! signora... c'est que je suis une femme.

GERTRUDE.

Bonté de Dieu!

GIANETTA, à mi-voix.

Silence, je vous prie.

GERTRUDE.

Et que signifie un pareil mystère?

GIANETTA.

Oh! je vais tout vous raconter. Pauvre villageoise,

orpheline, je n'avais de ressource qu'une assez belle voix, à ce que tout le monde disait. Un musicien qui m'avait donné des leçons, me proposa de m'épouser; et le matin même de notre mariage, nous quittâmes le pays, et nous partîmes ensemble dans un petit voiturin qu'il avait loué. Nous traversions les campagnes de Naples, le jour tombait, et nous approchions de l'endroit où nous devions coucher; mon mari et le conducteur montaient une côte à pied, et s'entretenaient d'histoires de brigands, lorsque près de nous partent deux coups de fusil : le conducteur se précipite à travers champs; mon mari en fait autant, sans réfléchir, sans penser à moi, qui étais restée dans la voiture!... et le cheval, effrayé par le bruit et surtout par mes cris, m'emporte au grand galop, et sans s'arrêter, à plus d'une demi-lieue.

GERTRUDE.

Dieu! que j'aurais eu peur!

GIANETTA.

Pas plus que moi. Et ce qui redoublait encore mon effroi, c'est que j'entendais derrière la voiture les pas de plusieurs personnes qui me poursuivaient, et qui saisirent enfin la bride du cheval; ils étaient deux, à pied, et armés de fusils.

GERTRUDE.

Ah! les infâmes brigands!

GIANETTA.

Du tout, c'étaient des jeunes gens... de très jolies figures... des manières très distinguées; ils furent rejoints un instant après par une meute et par des piqueurs, car c'était en chassant dans la montagne qu'ils avaient tiré ces deux coups de fusil, qui avaient fait prendre le mors aux dents à mon cheval.

GERTRUDE.

Et à votre mari.

GIANETTA.

Précisément! Et jugez de leur surprise, en me voyant la nuit, seule, dans cette voiture, et en habit de mariée. A ma prière, on alluma des flambeaux, on parcourut la montagne, on battit les bois dans tous les sens, point de nouvelles de mon mari! impossible de le retrouver; et l'un de ces jeunes gens qu'on appelait monseigneur, et qui avait l'air de commander aux autres, m'offrit de me conduire jusqu'à la prochaine *villa*. Il était minuit, et dans ce bois j'avais froid, j'avais peur, et j'acceptai; nous arrivâmes à une maison de campagne délicieuse, c'était la sienne!

GERTRUDE.

Ah! ah!...

GIANETTA.

On me donna l'appartement de sa sœur; des tentures, des tableaux magnifiques!... Moi qui sortais de mon village, je n'avais jamais rien vu de si beau; des femmes s'empressèrent de me servir, de prévenir tous mes vœux; et puis le prince, c'était un prince italien, était pour moi si soumis, si respectueux, que je ne pensais plus à avoir peur, je ne pensais plus à rien.

GERTRUDE.

Qu'à votre mari.

GIANETTA.

Oh! toujours!... Mais le prince devenait si aimable,

si galant, que je voulus absolument partir; il ne le voulait pas, et il avait un air si malheureux... il me suppliait avec tant d'instance de rester encore un jour, que cela me faisait de la peine; un pauvre jeune homme qui est à vos pieds, et qui pleure!... si vous saviez comme c'est terrible.

GERTRUDE.

Je le sais, signora. (*Se reprenant.*) Je l'ai su du moins.

GIANETTA.

Et ne sachant comment faire pour lui résister, craignant de ne pas en avoir le courage, je m'échappai la nuit, et sans l'en prévenir, par une petite porte du parc dont j'avais pris la clé. Mais, en arrivant à Rome, j'avais épuisé ma dernière pièce de monnaie, et je me trouvai seule, sans ressource, et ne connaissant personne.

GERTRUDE.

Pauvre jeune fille!

GIANETTA.

L'hôtesse chez laquelle j'étais entrée, sans savoir comment je la paierais, me demanda ce que je comptais faire. Je lui répondis que j'avais une belle voix, que j'étais musicienne, et qu'en m'adressant au maître de chapelle de sa sainteté, peut-être m'admettrait-il dans la musique particulière; mais jugez de mon désespoir! elle m'apprit qu'aucune cantatrice ne pouvait se faire entendre devant le pape et les cardinaux.

GERTRUDE.

C'est vrai.

GIANETTA.

Ce fut alors, et voyant ma misère, qu'il vint une idée à mon hôtesse : elle me conseilla de prendre des habits d'homme, et de me présenter comme soprano. Moi je ne savais pas ce que c'était; et je craignais de ne pas réussir.

GERTRUDE.

Rien de plus facile; il n'y a rien à faire qu'à chanter.

GIANETTA.

C'est ce qu'elle me dit; et je l'ai bien vu, car hier soir, où j'ai été admise pour la première fois à me faire entendre au Vatican, devant la plus brillante société de Rome, j'ai eu un succès fou, des applaudissemens, des transports, un enthousiasme... et j'étais tellement émue, que, voulant les remercier, j'ai manqué faire la révérence.

GERTRUDE.

Quelle imprudence!

GIANETTA.

Et les directeurs de Rome et de Naples qui m'offraient chacun dix mille écus; enfin, le cardinal de Trivoglio qui se déclare mon patron, mon protecteur, et qui veut, qui exige absolument que j'accepte un appartement dans son palais. Voilà où j'en suis; et maintenant que vous savez tout, qu'est-ce qu'il faut faire?

GERTRUDE.

Ce qu'il faut faire? Avant tout, ma chère enfant, gardez avec soin un secret d'où dépend votre fortune, et acceptez d'abord la protection et le déjeuner de monseigneur : cela n'engage en rien.

GIANETTA.

Vous croyez!

GERTRUDE.

Pour le reste, cela me regarde; je vais en causer avec le majordome de monseigneur, le signor Scaramella, qui m'est dévoué.

GIANETTA.

Vous êtes bien sûre de lui?

GERTRUDE.

Comme de moi-même; et quand tous les deux nous voulons quelque chose, monseigneur le veut aussi. Nous le ferons renoncer à cette idée de vous loger au palais, d'autant qu'elle ne vient pas de lui. Mais du silence! car s'il y avait le moindre éclat, tout serait perdu, et l'on ne pourrait plus... Voici son éminence et le prince son neveu.

SCÈNE VII.

GIANETTA, GERTRUDE, LE CARDINAL, LE PRINCE DE FORLI.

(Le cardinal et le prince entrent en causant à gauche du théâtre.)

AIR: Mais pour qu'enfin l'hymen couronne (du PHILTRE.)

LE CARDINAL, au prince.

Pour repousser cette alliance,
Quels sont donc tes motifs secrets?
Dis-m'en un seul.

LE PRINCE, à son oncle.

Eh mais !
Ma répugnance.

GIANETTA, de l'autre côté, apercevant le prince.

Que vois-je, ô ciel !

GERTRUDE, bas.

Quoi donc ?

GIANETTA, de même.

C'est lui.

GERTRUDE, bas.

Comment ! le prince de Forli ?

GIANETTA, bas.

Oui, ce jeune inconnu qui me reçut chez lui.

GERTRUDE, bas.

Et qui vous adorait ?

GIANETTA.

Sans doute.

GERTRUDE.

Taisez-vous.
Un mot nous perdrait tous.

(Haut, et s'adressant au cardinal, qui a toujours causé bas avec son neveu.)

Monseigneur, vous voyez ce jeune soprano
Que vous attendiez.

LE PRINCE, se retournant vivement.

Gianino !
C'est lui qu'hier... oui vraiment... c'est bien lui.
A son aspect mon cœur a tressailli.

ENSEMBLE.

GIANETTA, à part.

Ah! malgré moi, combien sa vue
Vient agiter mon ame émue.
Je sens, hélas! battre mon cœur
D'étonnement et de frayeur.

GERTRUDE, bas à Gianetta.

Je sens combien, à cette vue,
Votre ame, hélas! doit être émue;
Mais avec soin, dans votre cœur,
Renfermez bien cette frayeur.

LE PRINCE, à part.

Ah! malgré moi, combien sa vue
Vient agiter mon ame émue!
Je sens déjà battre mon cœur
D'étonnement et de bonheur.

LE CARDINAL, à part.

Mais de son trouble, à cette vue,
Vraiment mon ame est confondue;
Je n'entends rien, sur mon honneur,
A sa surprise, à son bonheur.

LE CARDINAL, à son neveu.

Eh bien! eh bien!
Qu'as-tu donc?

LE PRINCE, regardant toujours Gianetta.

Rien.

GERTRUDE, bas à Gianetta.

Tenez-vous bien.

GIANETTA, à part.

Cachons-nous bien.

LE PRINCE, avec émotion, et regardant toujours Gianetta.

Je suis ému de souvenir,
Car à l'entendre hier, j'éprouvais un plaisir....

ENSEMBLE.

GIANETTA.

Je sens, hélas! battre mon cœur,
D'étonnement et de frayeur.

GERTRUDE.

Mais avec soin, dans votre cœur,
Renfermez bien cette frayeur.

LE PRINCE.

Je sens déjà battre mon cœur
D'étonnement et de bonheur.

LE CARDINAL.

Je n'entends rien, sur mon honneur,
A sa surprise, à son bonheur.

(Pendant la fin de cet ensemble, deux domestiques ont apporté une table servie qu'ils ont placée à droite du théâtre.)

GIANETTA, au prince.

Quoi! monseigneur était hier à mon début?

LE PRINCE, à part.

Et la voix aussi!... c'est inconcevable, ou plutôt je cherche moi-même à m'abuser, car je le vois partout. (Haut, et passant auprès de Gianetta. Oui, Gianino, oui, j'étais à votre début, et ce cri involontaire que je n'ai pu retenir à votre première apparition...

GIANETTA.

C'était vous?

LE CARDINAL.

Avant même qu'il n'eût chanté... Voilà le vrai dilettante!

LE PRINCE.

Et si vous saviez, mon oncle, quel talent! quelle expression! quelle voix suave et légère! Il a été sublime. Je n'en ai pas dormi de la nuit. Gianino, votre main... Vous avez en moi un admirateur, un ami, je vous le jure. Eh mais ! vous tremblez !

GIANETTA.

Non, mon prince.

LE PRINCE.

Quand vous me connaîtrez mieux, vous ne serez pas étonné de l'intérêt que je vous porte... J'aime les arts, comme tout ce que j'aime... et avec ardeur, avec passion... Vous logerez dans ce palais, chez mon oncle...

GIANETTA.

Permettez...

LE PRINCE.

C'est convenu, vous ne sortirez pas d'ici ; et en échange de notre amitié, tout ce que nous vous demandons, c'est une cavatine par jour. Moi, d'abord, je parle de vous à tout le monde ; et j'ai déjà arrangé un concert par souscription : dix piastres par tête !... et on s'arrachera les billets, je m'en charge. Et puis n'oubliez pas qu'aujourd'hui à midi, vous avez répétition du *Stabat*. J'irai, je veux vous entendre.

LE CARDINAL, à Gertrude.

La musique lui fera perdre la tête, c'est sûr.

GERTRUDE, à mi-voix.

Laissez-le faire. C'est par le seul Gianino que nous pourrons obtenir son consentement à cette alliance.

LE CARDINAL, à mi-voix.

Vous croyez ; c'est tout ce que je désire. Ça, et le déjeuner...

GERTRUDE, montrant la table qu'on a apportée.

On vient de le servir...

(Un domestique place à gauche, une petite table sur laquelle sont des bouteilles, dans des vases à rafraîchir.)

LE CARDINAL.

Qu'on ne s'occupe plus de rien. Mon neveu, mon neveu, mettons-nous à table. Mon neveu, à ma droite, notre jeune virtuose, ici, près de moi.

GERTRUDE.

Monseigneur n'a pas sa chancellière ?

LE CARDINAL.

C'est vrai.

GERTRUDE, derrière lui et lui plaçant un oreiller sur son fauteuil.

Et monseigneur est mieux, quand il est appuyé.

LE CARDINAL.

C'est bien, c'est bien. Cette bonne madame Gertrude pense à tout.

GERTRUDE.

Oh, mon Dieu! non, car j'oubliais que j'avais une grâce à vous demander.

LE CARDINAL.

Est-elle adroite! elle sait bien qu'il y a des momens où je ne peux rien refuser.

GERTRUDE.

C'est un pauvre diable qui demande au palais-cardinal la place d'organiste vacante, et qui, avant tout, prie monseigneur de vouloir bien l'entendre.

LE CARDINAL.

A la bonne heure, cela n'empêche pas de déjeuner. Et puis, en présence du signor et de mon neveu, il sera jugé par des connaisseurs... Fais-le entrer.

GERTRUDE.

Oui, éminence... (Allant auprès du cardinal.) Je prie seulement monseigneur de manger lentement, cela lui vaut mieux.

(Elle sort.)

LE CARDINAL, à son neveu.

Qu'est-ce qu'il fait celui-là, les yeux et la fourchette en l'air ?... est-ce que c'est là la place d'une fourchette ?

LE PRINCE, regardant toujours Gianetta.

Je n'en reviens pas, Gianino, je ne vous avais vu qu'hier, et de loin, mais maintenant, plus je vous regarde, plus il me semble...

GIANETTA, à part.

Ah mon Dieu !... Veillons sur moi, et que rien ne puisse lui faire soupçonner...

SCÈNE VIII.

LES PRÉCÉDENS ; GUIMBARDINI, AMENÉ PAR GERTRUDE.

(Le cardinal est au milieu de la table, Gianetta à sa gauche, et tournant le dos à Guimbardini qui entre.)

GERTRUDE, à Guimbardini.

Approchez... monseigneur est bien disposé... et cela durera tant qu'il sera à table.

GUIMBARDINI.

Alors j'ai le temps.

GERTRUDE, bas à Gianetta.

Redoublez de prudence, je vais parler à Scaramella et je reviens... (S'approchant du cardinal et lui présentan Guimbardini.) Monseigneur, voilà...

(Elle fait signe à Guimbardini de s'approcher, et sort.)

LE CARDINAL, à Guimbardini.

Asseyez-vous, signor... là... (lui montrant un fauteuil du côté opposé à la table.) Nous sommes à vous...... tout-à-l'heure.

GUIMBARDINI, s'incline, et va s'asseoir, pendant que les trois autres continuent à manger.

(A part.)

J'ai cru qu'il allait m'inviter. (Le regardant.) Sont-ils heureux, ces gens-là ! se voir dans un bon fauteuil, près d'une bonne table... toutes les douceurs de la vie; il n'est pas difficile comme cela, d'avoir du génie.... (Montrant une bouteille qui est sur la petite table à gauche.) Je suis sûr qu'il y en a dans cette bouteille de *lacryma Christi !* J'y puiserais deux ou trois cavatines, et autant de *requiem...* (Regardant l'autre table.) Et dans cet immense pâté... que de choses j'y trouverais ! Mais le génie qui est à jeun est bientôt à sec. Dieu! comme ils mangent !... Je crois qu'ils m'ont oublié.

LE CARDINAL, tendant son verre.

A boire.

GUIMBARDINI, prenant vivement une bouteille qui est près de lui, va et verse à boire au cardinal.

Voici.

LE CARDINAL.

Quoi ! vous-même, maëstro !... c'est trop de bonté. Quel est votre nom !

GUIMBARDINI.

Signor Guimbardini.

(Il va remettre la bouteille sur la table.)

GIANETTA, à part.

Mon mari ! et devant le prince... devant le cardinal... Comment faire ?

LE PRINCE.

Qu'avez-vous donc ?

GIANETTA.

Rien... (A part.) Attendons, et tâchons de ne pas nous trahir.

LE CARDINAL.

Guimbardini... j'ai quelque idée... attendez donc, n'est-ce pas vous qui m'avez présenté plusieurs pétitions ?

GUIMBARDINI, s'inclinant.

Deux par jour, régulièrement, depuis une semaine, éminence.

LE CARDINAL.

Belle écriture, une main remarquable.

GUIMBARDINI.

Le doigté est assez agréable.

LE CARDINAL.

Vous êtes, dites-vous, pianiste, organiste ?

LE PRINCE.

Et vous avez du talent ?

GUIMBARDINI.

Du talent, monseigneur, du talent !... j'en ai, j'ose le dire, plein mes poches... (tirant plusieurs rouleaux de papiers.) car j'ai là des messes, des opéras, qui parlent...

qui crient pour moi, et qui ne peuvent pas se faire entendre... le siècle est sourd.

LE PRINCE.

Et vous avez quelque antécédent, quelque recommandation ?

GUIMBARDINI.

Élève de Pergolèse, et je puis dire que Cimarosa m'a dû ses plus beaux ouvrages.

LE PRINCE.

Comment cela ?

GUIMBARDINI.

J'étais son accordeur de piano.

LE CARDINAL.

Voilà des titres.

GUIMBARDINI.

J'arrivais chez ce grand maître, et je lui disais : « Eh bien ! mon cher ; » car nous nous traitions sans façon... la familiarité du talent, « Eh bien ! mon cher, « comment cela va-t-il ? — Cela ne va pas... je n'ai « pas de chant... pas d'inspiration. Voilà un air *del* « *Matrimonio* que je ne peux pas achever... » Je regardais le clavecin... je crois bien... trois cordes cassées... je retroussais mes manches (faisant le geste d'accorder un clavecin.) la, la, la, la, — allez, maintenant ; il s'y remettait, et trouvait son air... il en a dix comme cela, qu'il a composés à nous deux, mais j'en ai d'autres à moi tout seul... et si monseigneur voulait seulement en entendre un petit... un *piccolo*.

LE CARDINAL.

Volontiers.

GUIMBARDINI, tout ému.

Est-il possible! c'est la première fois... (Cherchant dans ses papiers.) On va donc enfin me connaître et écouter un de mes airs jusqu'au bout... moi qui n'ai jamais pu en achever un.

LE PRINCE, tirant sa montre.

Qu'il ne soit pas long, car à midi nous avons une répétition... Du reste, donnez-nous ce que vous avez de mieux.

GUIMBARDINI.

Tout ce que j'ai est ce qu'il y a de mieux... Mais j'aurais entre autres un morceau qui, malheureusement, est à deux voix, basse-taille et haute-contre; sans cela... je vous garantis que c'est un morceau délirant!... c'est à en perdre la tête. Rien que la ritournelle vous met dans un état...

LE PRINCE.

N'est-ce que cela?... Voici un artiste distingué, la plus belle voix d'Italie, notre premier soprano.

GUIMBARDINI.

Un soprano! c'est différent. Quel honneur pour moi et pour ma musique!... c'est un duo de mon opéra d'*Abufar*.

LE PRINCE, se levant.

Abufar!

GUIMBARDINI.

Abufar épris de sa sœur... C'est moi qui fais Abufar...

LE CARDINAL, mangeant.

Abufar, je connais...

GUIMBARDINI.

Et voici la partie du seigneur soprano.

LE PRINCE.

Donnez... donnez.

GUIMBARDINI, chantant la ritournelle.

La, la, la, la, la, la.

(Pendant la ritournelle, le cardinal et le prince vont s'asseoir sur le devant du théâtre, tandis que les domestiques enlèvent la table.)

Ah! quelle douce ivresse!
Quel trouble pour mon cœur!
Objet de ma tendresse,
C'est elle! c'est ma sœur!

(Levant les yeux sur Gianetta.)

Que vois-je! ô ciel! est-ce une erreur?

LE PRINCE.

Que dit-il donc?

GUIMBARDINI.

Moi, rien, si fait... c'est-à-dire... pardon...
Ses yeux... sa voix... ses traits... Oh! non!...
C'est ma sœur... c'est ma femme!...
Je ne saurais m'y retrouver!...
Encore un morceau, sur mon ame,
Que je ne saurais achever.

ENSEMBLE.

LE CARDINAL ET LE PRINCE.

Ah! c'est insupportable!
Cette musique est détestable...
Vraiment, vraiment,
Cet homme n'est qu'un ignorant.

GIANETTA, à part.

Ah! quel effroi m'accable!
Quelle colère épouvantable!
Vraiment, vraiment,
Rien n'est égal à mon tourment.

GUIMBARDINI, à part.

Ah ! c'est épouvantable !
Ce doute n'est pas supportable !
Vraiment, vraiment,
Rien n'est égal à mon tourment.

GUIMBARDINI.

Pardon, monseigneur, ça me prend à la gorge..... je ne puis continuer, à cause de mes moyens, qui sont absens.

LE PRINCE.

Nous n'avons pas envie d'attendre qu'ils reviennent; car il faut nous rendre à la répétition, voici l'heure.

GIANETTA, troublée et regardant Guimbardini.

Oui; mais je voudrais auparavant... (A part.) Impossible de lui expliquer...

LE PRINCE.

Allons, allons, ma voiture est en bas... il faut de l'exactitude... le maëstro se fâcherait.

GUIMBARDINI, étourdi.

Le maëstro... la répétition... est-ce que, sans le savoir, j'aurais épousé un soprano?... c'est impossible... il y a là-dessus quelque machination diabolique... (Haut et s'approchant du cardinal.) Je demande à monseigneur un instant d'audience particulière... (à mi-voix.) pour lui révéler un mystère... un ténébreux mystère.

GIANETTA, à part.

O ciel !... tout est perdu !

LE CARDINAL, à Guimbardini.

Je suis à vous.

LE PRINCE.

C'est bien, nous vous laissons... Venez, mon cher Gianino... j'ai besoin d'entendre de bonne musique, pour me dédommager de monsieur.

GUIMBARDINI, à part.

Merci.

GIANETTA, qui a fait inutilement des signes à Guimbardini.

Il ne me comprend pas. Courons vite à cette répétition, et revenons tout lui avouer.

(Elle sort avec le prince, en faisant toujours des signes à Guimbardini.)

SCÈNE IX.

LE CARDINAL, GUIMBARDINI.

GUIMBARDINI, à part.

Il me fait des signes... décidément c'est bien elle. Arrivera ce qu'il pourra! je ne puis pas digérer un pareil affront. Mari d'un soprano! c'est déshonorant! je vais déclarer que c'est ma femme.

LE CARDINAL.

Eh bien! signor, que me voulez-vous?

GUIMBARDINI, avec mystère.

Pardon, éminence... Nous sommes seuls?

LE CARDINAL.

Vous le voyez.

GUIMBARDINI, regardant la porte.

Personne ne peut nous entendre.

LE CARDINAL.

Eh bon Dieu! que de précautions!

GUIMBARDINI.

C'est qu'effectivement on ne peut en trop prendre pour une chose aussi délicate. (Baissant la voix.) Vous connaisssez parfaitement ce jeune soprano?

LE CARDINAL.

C'est-à-dire je le connais... je sais qu'il s'est fait entendre hier avec un grand succès, et qu'il doit avoir du talent; car on lui offre un traitement de dix mille écus.

GUIMBARDINI.

Hein!... dix mille écus!... comme soprano!...

LE CARDINAL.

Comme soprano... Je crois qu'il doit signer aujourd'hui.

GUIMBARDINI, à part.

Santa Maria!... quelle fortune pour le ménage!... nous n'aurons jamais été si riches... quelle bêtise j'allais faire!

LE CARDINAL.

Eh bien! qu'aviez-vous à me dire?

GUIMBARDINI.

Moi, monseigneur?... rien...

LE CARDINAL.

Comment?

GUIMBARDINI.

Rien absolument... si ce n'est qu'on vous a dit l'exacte vérité sur ce jeune virtuose... personne plus que lui ne mérite la protection et les bienfaits de votre éminence.... c'est un grand et magnifique soprano.

LE CARDINAL.

Vrai ?

GUIMBARDINI.

C'est-à-dire que c'est le premier soprano de l'Italie... je dirai même, le plus extraordinaire.

LE CARDINAL.

Vous l'avez donc entendu?

GUIMBARDINI.

Plus de cent fois. A Velletri, on ne parlait que d'elle.

LE CARDINAL.

D'elle!

GUIMBARDINI, se reprenant.

De sa voix... oui, monseigneur... et je puis vous certifier...

LE CARDINAL.

C'est bien. Mais ce n'est pas cela que vous vouliez m'apprendre.

GUIMBARDINI, embarrassé.

Ah! je m'en vais vous dire... et ça vous expliquera son trouble et le mien, car vous avez dû vous apercevoir qu'en nous reconnaissant, nous avons eu un moment de... Voilà ce que c'est, monseigneur... il devait jouer dans un opéra de moi, *il Matrimonio interrotto*, le Mariage interrompu... un ouvrage sur lequel je comptais... et il s'est en allé... Il est parti le jour de la première représentation.

LE CARDINAL.

C'était désagréable pour vous.

GUIMBARDINI.

Très-désagréable. Alors il croit peut-être que je

lui en veux: il se trompe, mon Dieu!... entre artistes, il faut se passer tant de choses...

LE CARDINAL, *impatienté.*

Tout cela est fort bien; mais ça ne m'apprend pas ce que vous me vouliez.

GUIMBARDINI.

Ce que je voulais à monseigneur... si fait... c'est tout simple, c'est que votre éminence daigne nous raccommoder, qu'elle daigne lui dire que tout ce qu'il a fait est bien fait, que ça me convient, que ça m'arrange; que je ne suis pas fâché... au contraire, je suis content que ce jeune homme ait un traitement de dix mille écus, et que tout ce que je demande, c'est que désormais nous vivions en bonne intelligence.

LE CARDINAL, *souriant.*

Et qu'il reprenne votre opéra.

GUIMBARDINI.

Le Mariage interrompu!... Mais je compte bien qu'il y aura une reprise, surtout si monseigneur... daigne m'attacher à sa maison.

LE CARDINAL.

Oh! cela c'est différent! d'après l'échantillon que vous nous avez donné... Vous n'avez pas pu seulement achever ce morceau...

GUIMBARDINI.

Cela tient à la fatalité qui ne me permet jamais de rien achever... mais je m'en rapporte au soprano lui-même.

LE CARDINAL, avec bonhomie.

Nous verrons; nous verrons, si effectivement il répond de vous, et que cela convienne à mon neveu et à madame Gertrude...

GUIMBARDINI.

Vivat! me voilà en pied.

LE PRINCE, en dehors.

Eh non! non, ce sera très bien.

GUIMBARDINI.

Chut! c'est le prince, cet aimable protecteur des arts.

SCÈNE X.

LES MÊMES; LE PRINCE.

LE PRINCE, à la cantonade.

Eh non! vous dis-je, ce sera très bien ainsi.

LE CARDINAL.

A qui en as-tu donc, mon neveu?

LE PRINCE.

A madame Gertrude, qui se fait des monstres de tout. Je ne sais comment elle s'est arrangée; mais l'appartement que vous destiniez à Gianino n'est pas même prêt, et si le hasard ne m'avait fait quitter la répétition, on parlait déjà de renvoyer le pauvre garçon à sa mauvaise petite auberge.

LE CARDINAL.

Mais dame! si on ne peut pas le loger.

GUIMBARDINI, d'un air dégagé.

Ça doit être facile dans un palais aussi vaste.

LE PRINCE.

C'est déjà fait, j'ai donné ordre à mon valet de chambre de le mettre à côté de moi, dans mon appartement.

GUIMBARDINI, à part.

Hein!... qu'est-ce que c'est?... dans son appartement?

LE CARDINAL.

Mais ça te gênera.

LE PRINCE.

C'est ce que madame Gertrude prétendait; car elle trouve des difficultés à tout. Enfin, j'ai été obligé de lui dire que je le voulais.

GUIMBARDINI, à part.

Oui, mais je ne le veux pas moi! Ma femme près d'un jeune homme aussi vif, aussi impétueux... Cet aimable protecteur des arts n'aurait qu'à avoir quelque soupçon.

LE PRINCE.

C'est charmant! nous ferons de la musique dès le matin; et il sera tout porté pour me donner ma leçon de chant.

GUIMBARDINI, à part.

Par exemple!

LE CARDINAL, impatienté.

Eh bon Dieu! quelle rage de musique! et surtout quel engoûment, quel enthousiasme pour ce cher Gianino!... (A Guimbardini.) Imaginez-vous qu'il ne peut pas en être séparé un instant.

GUIMBARDINI, inquiet.

Vraiment.

LE PRINCE.

Vous êtes étonné?... Vous le seriez bien plus encore, si vous saviez que ce n'est pas pour lui que je l'aime.

GUIMBARDINI.

Pour son talent ?

LE PRINCE.

Du tout... Vous allez me trouver romanesque, bizarre, ridicule... mais apprenez que mon amitié pour Gianino vient d'une ressemblance si extraordinaire...

TOUS DEUX.

Une ressemblance!...

LE PRINCE.

Oui, ce sont les mêmes traits, la même physionomie que celle d'une petite femme charmante que je rencontrai seule, un soir, dans la forêt, près de ma villa.

LE CARDINAL.

Seule!

LE PRINCE.

Une nouvelle mariée, qui venait de perdre son mari.

GUIMBARDINI, à part.

Ah mon Dieu!

LE CARDINAL.

Une veuve?

LE PRINCE.

A peu près.

GUIMBARDINI, à part.

C'était ma femme.

LE PRINCE.

Elle pleurait, elle était sans guide, sans appui, et avec cela, si jolie...

Air du vaudeville de Partie et Revanche.

Fleur ravissante, enchanteresse,
Il me semble que je la vois;
Malheur au voyageur qui laisse
Ue rose au milieu des bois.
Ah! c'est une imprudence extrême!
Et la sauvant d'un funeste destin,
Aujourd'hui cueillons-la nous-même,
D'autres la cueilleront demain.

GUIMBARDINI, à part.

C'est comme à Velletri.... Encore un serpent.... (Au prince.) Quoi! vous auriez osé?...

LE PRINCE.

Lui offrir un asile! Je la conduisis chez moi... elle y resta trois jours.

GUIMBARDINI, à part.

Trois jours!... je suis perdu.

LE PRINCE.

Je n'ai pas besoin de vous dire que je la respectai comme ma sœur.

GUIMBARDINI, involontairement.

Ça n'est pas vrai.

LE PRINCE.

Hein?

GUIMBARDINI, d'un air agréable et contraint.

Je dis, monseigneur, que vous faites le modeste, parce qu'il est impossible qu'un prince aussi aimable...

LE PRINCE.

Non, vrai... je te le dirais. Entre nous, seulement le troisième jour...

GUIMBARDINI.

Voyez-vous.

LE PRINCE.

Emporté par une passion... je ne dis pas...

GUIMBARDINI.

Ouf!

LE CARDINAL, avec pudeur.

Mon neveu, je vous prie de gazer.

LE PRINCE.

Oh! ne craignez rien, mon oncle; elle s'était échappée; et malgré toutes mes recherches je n'ai pu la revoir.

GUIMBARDINI, à part.

Je respire!... (Levant les yeux au ciel.) Digne émule de Lucrèce, va, dernier reste des vertus antiques, et de la pudeur romaine!...

LE PRINCE.

Mais, jugez de mon bonheur, de mon émotion, en retrouvant dans les traits de Gianino ceux de mon inconnue.

LE CARDINAL.

Vraiment!

LE PRINCE.

Oh mais! c'est à un point... sa voix surtout, sa voix me la rappelle... Aussi je le ferai chanter toute la journée.

LE CARDINAL.

Et c'est pour un pareil roman que tu refuses des avantages réels.

GUIMBARDINI, au prince.

Oh! oui, vous avez bien tort de refuser des avantages...

LE CARDINAL.

Une femme qu'il ne reverra jamais.

LE PRINCE, vivement.

Si, mon oncle, je la retrouverai, mon cœur me le dit, et rien ne pourra plus m'en séparer.

LE CARDINAL, étourdi.

A-t-on jamais vu...

GUIMBARDINI, s'excitant.

Permettez, il peut y avoir des empêchemens.

LE CARDINAL.

C'est vrai, il peut y avoir des empêchemens.

LE PRINCE.

Aucun.

GUIMBARDINI.

Vous avez parlé d'un mari.

LE PRINCE.

Oh! il est mort.

GUIMBARDINI.

Peut-être que non.

LE PRINCE.

Alors, c'est tout comme... car, si je le rencontre, je le tue. Elle sera veuve, et je l'épouse.

GUIMBARDINI, à part.

Je ne peux pas rester dans cette maison.

LE CARDINAL.

L'épouser ! et tu crois que je souffrirais...

LE PRINCE.

Oui, mon oncle; je vous déclare que je n'en veux pas d'autre. Et tenez, en entrant, je viens de voir, dans le premier salon, le notaire du cardinal Cagliari qui vous attendait, un contrat à la main.

LE CARDINAL, à part.

Ah mon Dieu! c'est vrai, pour arrêter les articles... (Haut.) Est-ce que tu lui aurais dit?...

LE PRINCE.

Rien, car cela ne me regarde pas, c'est votre affaire. Mais je vous préviens que je n'ai pas changé d'avis.

Air du Valet de Chambre.

LE CARDINAL.

Allons, allons, point de colère,
Et calme ces transports bouillans;
Je vais parler à ce notaire,
(A part.) Et tâcher de gagner du temps.

LE PRINCE.

Et moi de ce pas je surveille
Le logement de notre ami :
Je veux qu'il s'y trouve à merveille,
Et qu'il ne sorte pas d'ici.

GUIMBARDINI.

Comment prévenir la tempête?
Des deux côtés s'offre un affront;
Et je ne puis sauver ma tête,
Hélas! qu'aux dépens de mon front.

ENSEMBLE.

LE CARDINAL, à part.

Je crois que j'en perdrai la tête,
Comment finira tout ceci?

LE PRINCE.

D'honneur, je me fais une fête
D'être toujours auprès de lui.

GUIMBARDINI.

Je crois que j'en perdrai la tête.
Comment finira tout ceci?

(Le cardinal sort d'un côté et le prince de l'autre.)

SCÈNE XI.

GUIMBARDINI, SEUL.

Et moi je ne sais plus ce que j'ai à faire. Mes idées se brouillent! ma tête est en feu. J'étais à cent lieues de me douter... D'après ce que j'ai entendu, je crois que je puis être tranquille pour le passé. (s'essuyant le front.) Mais l'avenir est gros de catastrophes. Pauvre femme! Aussi, je me disais : ce n'est pas naturel qu'un prince aime la musique à ce point-là... Et l'on croit que je resterai les bras croisés!... Un élève de Pergolèse... Du tout; je tiens à la fortune; mais l'honneur avant tout, si ça se peut. Je crierai, je ferai du bruit. Je ne suis pas musicien pour rien.

AIR : Un homme pour faire un tableau.

La jalousie, en sa fureur,
Forme un *crescèndo* dans mon ame;
Et si notre prince amateur
Se mêle d'enlever ma femme...

D'autres s'en mêleront, hélas!
Et l'hymen, à ce qu'il me semble,
Est un duo qui ne doit pas
Finir par un morceau d'ensemble.

(Avec colère.)

Aussi nous verrons... (Se radoucissant.) C'est-à-dire, nous verrons... allons doucement, et mettons des sourdines. Le neveu a une tête romaine; un vrai César. Il vaut mieux avertir le cardinal. C'est cela... un acte de courage... un billet anonyme... (Il va à la table à gauche, et écrit très vite, sans s'asseoir.) « Prenez garde, monseigneur, le soprano est une femme, on vous le prouvera. » (Pliant le papier.) Comme cela, je le défie de la garder ici, et le prince ne la voyant plus... Mais comment faire parvenir...

GERTRUDE, en dehors.

Le bréviaire de monseigneur?... Son bréviaire?... il doit être au salon.

GUIMBARDINI.

Son bréviaire! O idée lumineuse!... (Il glisse le papier dans le bréviaire qui est sur la table.) Il le lit donc quelquefois!

SCÈNE XII.

GUIMBARDINI, GERTRUDE, UN VALET.

GERTRUDE, au valet.

Je vous dis que je l'ai vu. Eh! tenez, sur cette table. (Elle prend le bréviaire, et le donne au valet.) Portez-le vite.

(Le valet sort avec le bréviaire.)

GUIMBARDINI, *à part.*

Le voilà parti... ce n'est pas maladroit... (*Haut.*) Eh mais! madame Gertrude, comme vous paraissez agitée!

GERTRUDE.

Ah! ce n'est pas sans raison, monsieur l'organiste. Ce pauvre Gianino...

GUIMBARDINI.

Que lui est-il arrivé! Est-ce qu'on aurait découvert la vérité?

GERTRUDE.

Comment! vous savez donc?...

GUIMBARDINI.

Il m'a tout avoué, c'est une femme.

GERTRUDE, *effrayée.*

Silence!... Bonté divine!... que monseigneur, que personne au monde ne puisse soupçonner un pareil secret.

GUIMBARDINI, *intrigué.*

Pourquoi donc?

GERTRUDE.

Au fait: puisque vous avez sa confiance... Imaginez-vous, je quitte le signor Scaramella, le majordome de monseigneur, que je voulais consulter là-dessus, parce que je le consulte sur tout « Sur votre tête, « m'a-t-il dit, dame Gertrude, ne vous mêlez pas de « ça, pareille affaire est arrivée, il y a quelques an- « nées. Une cantatrice avait paru devant le saint-père « et les cardinaux, sous des habits d'homme; on le « sut. Elle et son mari, qui avait été son complice,

« furent jetés dans le château Saint-Ange, (*Baissant la voix.*) « et on n'est pas sûr qu'ils en soient jamais sortis. »

GUIMBARDINI, *tremblant.*

Au... au château Saint-Ange... et le... le... mari aussi ?

GERTRUDE.

Oh ! lui... il était plus coupable d'avoir encouragé...

GUIMBARDINI, *à part.*

Miséricorde ! me voilà bien !... Et moi qui ai attesté au cardinal que c'était... Heureusement qu'on ne sait pas que je suis le mari, et que rien ne peut me découvrir.

SCÈNE XIII.

LES MÊMES ; GIANETTA.

GIANETTA, *avec empressement.*

Ah ! mon ami, je vous revois ! Vous avez dû comprendre ma position ; je ne pouvais, devant le cardinal et son neveu, vous expliquer...

GUIMBARDINI, *lui faisant signe de se taire.*

Hum ? brrrrr...

GIANETTA.

Mais enfin, je suis libre... et puisque le hasard vous rend à ma tendresse...

GERTRUDE, *étonnée.*

Comment ?

GIANETTA.

Eh ! sans doute... c'est lui... c'est mon mari.

GUIMBARDINI, *à part.*

Voilà le coup d'archet parti ! diables de femmes !

GERTRUDE.

Votre mari ?

GUIMBARDINI, *d'un air froid.*

Q'est-ce que c'est ? Permettez, mon cher monsieur, c'est-à-dire signora, vous me prenez pour un autre, je ne vous connais pas.

GIANETTA.

Comment ?

GUIMBARDINI, *bas à sa femme.*

Ne dites rien, vous saurez pourquoi, chère amie.

GERTRUDE.

Vous ne le connaissez pas, et vous venez de m'assurer...

GUIMBARDINI, *embarrassé.*

Oui, que l'on m'avait confié, c'est vrai ; mais personnellement, je n'y suis pour rien.

GIANETTA, *émue.*

Comment ! monsieur, vous n'êtes pas mon mari ?

GUIMBARDINI.

Je ne l'ai jamais été, je puis le jurer... (*Bas à Gianetta et passant à sa droite.*) Calme-toi, je suis forcé devant le monde... Femme adorée, je t'aime plus que jamais.

AIR des Amazones.

(*A part.*) C'est fait de moi ! quel embarras j'éprouve !
Beauté fatale, et source de mes pleurs...
Que je la perde ou que je la retrouve,
L'hymen pour moi n'offre que des malheurs,
J'ai débuté d'abord par des voleurs...

Je la revois... encor nouvel orage !
De la prison me voilà menacé...
Comment doit donc finir ce mariage? } *bis.*
Moi qui n'ai pas encore commencé. }
Je n'ai pas, je n'ai pas commencé. (*bis.*)

Aussi, il n'y a qu'un moyen de sortir de là... Je m'en vas...

(Il fait quelques pas vers la porte.)

GIANETTA, les larmes aux yeux.

Quelle indignité ! m'abandonner une seconde fois quand j'ai tant besoin de conseil... quand le prince... encore tout à l'heure...

GUIMBARDINI, qui s'éloignait, revient promptement, et se place entre Gianetta et Gertrude.

Hein ! le prince !... Qu'est-ce qu'il y a ?

GIANETTA, avec dépit.

C'est inutile, puisque vous n'êtes pas mon mari !

GUIMBARDINI.

Si fait... je veux savoir...

GERTRUDE.

Vous voulez ?... Mais alors, vous avez donc des droits ?

GUIMBARDINI.

Aucun, c'est-à-dire que dans son intérêt... (Bas à Gianetta.) Chère amie, de la mesure, de la mesure, je t'en supplie. (Haut.) Parce que moi d'abord... c'est tout simple... une jeune femme... l'humanité... la sensibilité... le château Saint-Ange... (A part.) Je ne sais plus ce que je dis.

GERTRUDE.

C'est monseigneur.

SCÈNE XIV.

GIANETTA, LE CARDINAL, GERTRUDE, GUIMBARDINI.

LE CARDINAL.

Par le Vatican! il faut qu'il y ait des gens bien pervers et bien audacieux.

GERTRUDE.

Qu'est-ce donc, monseigneur?

LE CARDINAL.

Une infamie dont je suis révolté... un billet anonyme.

GUIMBARDINI, à part.

Imbécile! c'est le mien... heureusement qu'on ne peut deviner...

LE CARDINAL, lisant.

« Prenez garde, monseigneur, le soprano est une « femme, on vous le prouvera. »

GERTRUDE.

O ciel!

GIANETTA, à part.

Je suis perdue...

LE CARDINAL.

Soyez tranquille, je n'en crois pas un mot. J'ai des yeux, Dieu merci; et il faut que l'on compte étrangement sur ma crédulité. Mais je saurai quel motif a eu l'insolent...

GERTRUDE.

Vous savez qui c'est?

LE CARDINAL, jetant un regard sur Guimbardini.

Oui, je le connais...

GUIMBARDINI, à part.

Oime !

LE CARDINAL.

Et voyez l'ingratitude !... c'est un homme qu'à votre considération seule, je venais d'accueillir, de placer... Par bonheur, j'avais reçu de lui plusieurs pétitions. J'en avais encore une sur moi, et en comparant l'écriture...

GUIMBARDINI, à part.

Oh ! maladroit !

LE CARDINAL, le montrant.

En un mot, c'est monsieur.

LES DEUX FEMMES.

Lui ?

GIANETTA.

Quoi ! c'est lui qui m'accuse ?

GERTRUDE.

L'organiste !... Il est donc ici pour brouiller tout le monde...

LE CARDINAL, passant auprès de Guimbardini.

Répondez, malheureux.

GUIMBARDINI.

Monseigneur...

LE CARDINAL.

Répondez... Comment avez-vous écrit ces deux lignes ?

GUIMBARDINI, troublé.

Je ne sais, monseigneur... Machinalement... pour essayer une plume que je venais de tailler.

TOUS, se récriant.

Ah!

LE CARDINAL.

Il faut cependant qu'il y ait eu un motif.

GUIMBARDINI.

Aucun.

LE CARDINAL.

Alors, vous êtes un calomniateur.

GUIMBARDINI.

Du tout.

LE CARDINAL.

Alors, prouvez ce que vous avancez.

GUIMBARDINI, effrayé.

Comment?

LE CARDINAL.

Sinon, je vous fais appréhender au corps.

LES DEUX FEMMES.

Monseigneur...

LE CARDINAL.

La dignité de ma maison l'exige... En prison, s'il ne parle pas.

GUIMBARDINI, à part.

Et au château Saint-Ange, si je parle!... Il est impossible de se trouver dans une plus fausse position!

SCÈNE XV.

Les mêmes; un VALET.

LE VALET, tenant un papier.

Monseigneur, le notaire du cardinal Cagliari vous rapporte le contrat. Il dit qu'on a passé par tout ce que vous vouliez, et qu'il n'y manque plus que votre signature et celle du prince.

LE CARDINAL, prenant le contrat, qu'il froisse avec colère.

Voilà pour m'achever... Moi qui espérais que cela traînerait en longueur... et l'autre qui ne veut pas : tout se réunit contre moi.

GERTRUDE.

Monseigneur en fera une maladie.

LE CARDINAL.

Ça m'est égal... je le déshériterai. Mais en attendant, je me vengerai sur quelqu'un. (Montrant Guimbardini.) Celui-là sera pendu. Qu'on avertisse le barigel.

GIANETTA, passant auprès du cardinal.

Arrêtez, monseigneur... Vous ne savez pas tout encore.

LE CARDINAL.

Quelque nouveau méfait dont il s'est rendu coupable ?

GIANETTA.

Justement.

GUIMBARDINI, à part.

O vengeance d'une femme !

LE CARDINAL.

Parle vite.

GIANETTA.

Je le voudrais aussi... mais je ne puis vous en faire l'aveu, que si vous m'accordez une grâce.

LE CARDINAL, avec colère.

La sienne, peut-être?

GIANETTA.

Du tout... celle d'un autre.

LE CARDINAL.

Celle de personne. Je suis trop en colère... on n'obtiendra rien de moi.

GIANETTA.

Pas même si je décidais votre neveu à vous obéir, à signer ce contrat?

LE CARDINAL.

Ce contrat! ah! si tu y parvenais, Gianino... tout ce que tu voudras... tout ce que tu exigeras, je te l'accorde d'avance.

GIANETTA.

Donnez-moi ce papier.

LE CARDINAL, lui donnant le contrat.

Comment t'y prendras-tu?

GIANETTA.

Cela me regarde.

GUIMBARDINI, à part.

Ah mon dieu! j'ai bien peur que cela ne me regarde aussi.

GIANETTA.

AIR : Enfin, c'est à mon tour (du PHILTRE.)

Reposez-vous sur moi,
Car j'entends le prince qui s'avance ;
Il va céder... oui, je le croi,
Mais qu'on le laisse seul avec moi.

GUIMBARDINI.

Seuls ! ah ! je me meurs d'effroi.

GERTRUDE, bas à Gianetta.

Se peut-il ?

GIANETTA, bas.

Comptez sur ma prudence.

LE CARDINAL.

Laissons-les... venez, suivez-moi.

GUIMBARDINI, tout troublé.

Mais un moment, ah ! quel supplice !
Pauvre Orphée ! où te pendre, hélas ?
Comment sauver ton Eurydice ?
Ma chère, ne plaisantons pas.

LE CARDINAL, à son neveu qui paraît, et lui montrant Gianetta.

Ingrat, puisque ton cœur hésite,
Je te laisse, reste avec lui,
Suis ses conseils, suis-les bien vite,
Ou ne reparais plus ici.

ENSEMBLE.

LE PRINCE, étonné.

Mais quel trouble en leurs yeux !
Qu'ont-ils donc, et quel est ce mystère ?
Puisqu'il le faut, seuls dans ces lieux,
J'y consens, demeurons tous les deux.
(Regardant son oncle.)
Mais je lis dans ses yeux.
C'est en vain qu'en ce jour il espère
De mon cœur apaiser les feux.

GIANETTA, à part.

Cachons à tous les yeux
Mon projet, et ce que j'en espère,
Oui, d'un époux très soupçonneux
Je saurai punir les torts affreux.
Cachons à tous les yeux
Mon projet, et ce que j'en espère,
(Regardant le prince avec un soupir.)
Que lui, du moins, il soit heureux!

GUIMBARDINI, hors de lui.

Laissez-moi donc... fatal mystère!
Vous espérez que sous mes yeux...
Morbleu! j'étouffe de colère,
Et ne veux plus quitter ces lieux.

LE CARDINAL ET GERTRUDE, à part.

Je n'entends rien à ce mystère;
Mais un espoir brille à mes yeux...
Ne disons rien, laissons { le / la } faire,
Et sur-le-champ quittons ces lieux.

(Le cardinal et Gertrude sortent, et entraînent Guimbardini, qui résiste.)

SCÈNE XVI.

LE PRINCE, GIANETTA.

LE PRINCE, après un moment de silence.

Eh bon Dieu! qu'est-ce que cela signifie, et de quoi dois-tu donc me parler?

GIANETTA, timidement.

Ne le devinez-vous pas, monseigneur? Ce mariage auquel vous aviez consenti hier, et que vous refusez aujourd'hui.

LE PRINCE.

C'est vrai, hier, cela m'était égal... mais, je te l'ai dit ce matin, depuis que ta vue a rappelé en moi des souvenirs...

GIANETTA.

Une femme que vous avez à peine vue, que vous ne reverrez jamais.

LE PRINCE.

Et c'est ce qui me désole. Sans cela, je ne dis pas. Mais, en attendant, j'aime à retrouver ces pensées, ces illusions qui m'occupaient près d'elle. J'aime surtout à me rappeler ce jour où pressant sur mes lèvres sa main qu'elle m'avait abandonnée...

GIANETTA, *vivement.*

Que vous aviez prise, monseigneur.

LE PRINCE, *étonné.*

O ciel! qui vous a dit?... je n'ai pourtant confié à personne...

GIANETTA, *embarrassée.*

Eh mais! qui voulez-vous qui m'en ait instruit, si ce n'est elle-même?

LE PRINCE.

Elle!... vous l'avez donc vue?... vous la connaissez donc?

GIANETTA, *hésitant.*

Puisqu'il n'est plus possible de vous cacher la vérité, puisqu'il faut avouer... eh bien! monseigneur, cette ressemblance qui vous a tant frappé, ne vous a-t-elle pas appris?...

LE PRINCE, *vivement.*

Quoi donc?

GIANETTA.

Que c'était ma sœur.

LE PRINCE.

Ta sœur!... il serait vrai!... oui, oui, j'aurais dû le deviner, et je m'étonne maintenant d'avoir attribué au hasard... (Avec joie.) Ta sœur!... ah! Gianino! que je suis heureux de pouvoir enfin parler d'elle. Dis-moi quel est son sort? quand la verrai-je? qu'est-elle devenue?... sait-elle que, depuis notre séparation, je n'ai pas cessé de penser à elle, que je ne puis l'oublier?

GIANETTA.

Il le faut cependant.

LE PRINCE.

L'oublier!... moi?...

GIANETTA.

C'est elle qui vous en supplie, pour son repos, pour sa tranquillité. Quel espoir pouvez-vous encore conserver?... songez qu'elle est mariée à un homme qu'elle aime, qu'elle chérit.

LE PRINCE.

Oh! pour cela, c'est ce qui te trompe, elle ne l'aime pas; je l'ai vu aisément dans le peu d'instans que j'ai passés près d'elle.

GIANETTA, vivement.

Si, monsieur; son mari mérite son estime, son affection.

LE PRINCE, d'un ton de reproche.

Ah! Gianino! c'est mal; tu es plus pour ton beau-frère que pour moi.

GIANETTA, involontairement.

Oh! non, je vous jure.

LE PRINCE, à demi-voix.

Eh bien! alors, dis-moi où elle est.

GIANETTA.

Je ne le puis, elle me l'a défendu.

LE PRINCE, très pressant.

Je t'en conjure, je te le demande à genoux; si tu as quelque affection pour moi. Je ne veux rien qui puisse l'affliger, lui déplaire; mais quand elle saura combien je l'aime, combien j'ai souffert loin d'elle, il est impossible qu'elle me refuse quelque pitié.

GIANETTA.

Monseigneur...

LE PRINCE.

S'il faut renoncer à elle, si elle me l'ordonne, eh bien! j'y souscrirai; mais au moins, que je l'entende, que je la voie...

GIANETTA.

Eh quoi! pour la revoir un seul instant?....

LE PRINCE.

Je donnerais ma fortune, ma vie....

GIANETTA.

Nous n'en demandons pas tant. Consentez à ce que votre oncle souhaite, signez ce contrat, et je vous promets que vous la reverrez.

LE PRINCE.

Je la reverrai? tu me le promets.

GIANETTA.

Je vous le jure.

LE PRINCE.

Et bientôt?

GIANETTA.

Dès-demain.

LE PRINCE, vivement.

Donne-moi ce contrat. (Il le prend et court vivement à la table.)

GIANETTA.

Il serait vrai ?

LE PRINCE.

Air du Matelot (de Madame Duchambge.)

Oui, ce mot seul m'a donné du courage,
Et tu le vois, je signe aveuglément :
En d'autres nœuds pour jamais je m'engage,
Mais songe bien à tenir ton serment.
Que je la voie, et pour moi tout s'oublie,
Que je la voie !... et dis bien à ta sœur,
Que mon espoir, ma liberté, ma vie,
J'ai tout donné pour un jour de bonheur.

GIANETTA, essuyant une larme.

Elle le saura, monseigneur.

LE PRINCE, la voyant essuyer une larme.

Eh mais ! comme tu es ému!... qu'as-tu donc ?

GIANETTA, se remettant.

Rien, je pensais à ma sœur; oui, vous méritez son amitié, la mienne; elle doit être touchée d'un amour si noble, si généreux ; et vous en serez récompensé. (Lui tendant la main.) Vous la verrez dès aujourd'hui.

LE PRINCE, transporté.

Aujourd'hui !... (Lui sautant au cou et l'embrassant.) Ah ! mon ami, mon cher ami !

GIANETTA, se débattant.

Eh bien ! monseigneur...

GUIMBARDINI.

AH! C'EN EST TROP... ARRÊTEZ MON PRINCE.

Le Soprano. Sc. XVII.

GUIMBARDINI, au fond.

Oh! quelle dissonnance?

LE PRINCE, enchanté.

Je n'ai plus rien à désirer.

(Gianetta sort.)

SCÈNE XVII.

GUIMBARDINI, LE PRINCE.

GUIMBARDINI, au fond.

Je n'ai plus rien à désirer... je crois que c'est assez clair.

LE PRINCE, voulant suivre Gianetta.

Mais pourquoi t'échapper?

GUIMBARDINI, s'élançant pour l'arrêter.

Ah! c'en est trop, arrêtez, mon prince.

LE PRINCE, voulant s'en débarrasser.

De quoi se mêle-t-il, celui-là? Veux-tu bien me laisser.

GUIMBARDINI, hors de lui.

Du tout, je m'attache à vos pas, dût-on m'emprisonner, me torturer... dût-on ne jamais représenter un opéra de moi, je ne souffrirai pas que vous suiviez ma femme.

LE PRINCE.

Ta femme!

GUIMBARDINI.

Ou le soprano, comme vous voudrez.

LE PRINCE.

Que dis-tu?... quoi! Gianino...

GUIMBARDINI.

Est une femme.

LE PRINCE, *frappé.*

Une femme!...

GUIMBARDINI.

C'est ça, faites donc l'étonné! comme si vous ne le saviez pas.

LE PRINCE.

Non, je te jure. Comment? malheureux, tu ne pouvais pas me le dire plus tôt.

GUIMBARDINI.

Est-ce que je le savais? est-ce que j'en suis sûr encore? est-ce que je sais moi-même qui je suis? musicien et mari sans pouvoir être l'un ni l'autre, ayant à la fois deux états sans en exercer aucun, épris de la gloire, amant de ma femme; et en hymen comme en musique, forcé de garder l'anonyme.

LE PRINCE.

Maladroit que tu es! pourquoi d'abord ne pas te faire connaître à moi, à moi seul?

GUIMBARDINI.

A vous, qui menaciez de tuer le mari de Gianetta, s'il se présentait à vos yeux?

LE PRINCE.

Quelle folie! et à quoi bon? maintenant surtout que je suis lié, enchaîné à jamais... Apprends que Gianetta, par ruse, par adresse, ou plutôt par vertu vient de me marier à une autre.

GUIMBARDINI, *avec joie.*

Marié! vous, mon prince! vous êtes des nôtres!...

que je sois le premier à vous féliciter... à féliciter un confrère... un illustre confrère!...

LE PRINCE.

Il ne manquait plus que cela. Il va me faire des complimens.

SCÈNE XVIII.

Les mêmes; LE CARDINAL.

LE CARDINAL, avec joie.

Mon neveu! mon cher neveu, que je t'embrasse! je ne me sens pas de joie, je viens de recevoir le contrat, signé de toi. Le cardinal Cagliari était justement dans mon cabinet, il l'a apporté... tout est fini; et ce soir je vous donnerai moi-même la bénédiction nuptiale.

LE PRINCE.

Et Gianino?

LE CARDINAL, attendri.

Ah! le pauvre enfant! quel bon naturel! Il était si touché de mon bonheur, qu'il en avait les larmes aux yeux... ma foi! je n'y ai pas tenu, je lui ai sauté au cou.

GUIMBARDINI.

Comment! lui aussi?

LE CARDINAL.

Je lui devais bien ça.

GUIMBARDINI.

Je vous dis que quand l'étoile s'en mêle....

LE PRINCE.

Mais, où est-il ? qu'est-il devenu ?

LE CARDINAL.

Il m'a laissé pour s'acquitter envers toi, pour tenir, m'a-t-il dit, une promesse qu'il t'a faite. Je croyais le trouver ici.

SCÈNE XIX.

LES MÊMES ; GIANETTA EN FEMME, PRÉCÉDÉE DE GERTRUDE.

LE CARDINAL.

Que vois-je ? une femme !

LE PRINCE, vivement.

C'est elle, c'est mon inconnue.

GIANETTA, montrant Guimbardini.

Où plutôt la femme de monsieur.

GUIMBARDINI, regardant le cardinal.

C'est à dire... c'est selon... je ne suis plus complice.

GIANETTA, souriant.

Ne craignez rien, il n'y a plus de danger, car nous partons à l'instant pour Naples.

LE PRINCE.

Pour Naples ?

GIANETTA.

Où j'ai un engagement encore plus beau que celui que l'on m'offrait ici.

GUIMBARDINI.

Encore plus beau! Femme adorée, je te retrouve enfin, ce n'est pas sans peine et sans peur!...

LE CARDINAL, un peu confus.

C'était une femme!... et moi, qui dans ma joie... (Les yeux au ciel.) Ce que c'est que de nous.

GIANETTA, s'approchant timidement du cardinal.

Monseigneur, j'ai causé bien du trouble dans cette maison; mais si j'ai été assez heureuse pour seconder vos desseins, pour toute grâce, je vous demande votre protection. Si mon secret était découvert, daignez étouffer les poursuites.

LE CARDINAL.

J'y suis trop intéressé moi-même. Vous entendez, Gertrude, le plus grand silence.

GERTRUDE.

Est-ce que je parle jamais, monseigneur?

GIANETTA, émue, et regardant le prince à la dérobée.

Du reste, je n'oublierai jamais le temps que j'ai passé chez monseigneur, et l'amitié qu'on m'y a témoignée.

GUIMBARDINI.

Certainement nous n'oublierons jamais ses bontés, moi particulièrement.

LE PRINCE, regardant Gianetta.

Comment donc, un homme de talent! car il paraît décidément qu'il en a beaucoup, et qu'on ne lui rend pas justice... Oubliez ce que je vous ai dit, mon cher ami, je n'y pense plus.

GUIMBARDINI.

A la bonne heure.

LE PRINCE.

Ne voyez en moi qu'un patron, un protecteur; on aura soin de vous, on vous poussera, on vous fera faire des opéras, on les fera représenter.

GUIMBARDINI, avec joie.

Je serai donc joué!... Au moins, il sait réparer ses torts.

LE PRINCE.

Quant à moi, cher oncle, vous m'avez promis que, dès que je vous aurais obéi, je pourrais entreprendre mes voyages.

LE CARDINAL.

C'est juste, mon ami, te voilà marié, tu es parfaitement libre.

LE PRINCE.

C'est bien, je pars demain; et je commence par Naples.

GERTRUDE.

Par Naples.

LE PRINCE.

Je veux assister aux débuts de Gianetta, aux triomphes de son mari.

GUIMBARDINI.

Quelle bonté!

LE PRINCE.

Les arts consolent de tout, et font tout oublier... Je ne suis plus qu'artiste.

GUIMBARDINI, montrant sa femme.

Nous aussi... nous serons deux.

LE PRINCE, lui tendant la main.

Nous serons trois.

GUIMBARDINI, la lui serrant.

Quel bonheur !

Air : Accourez tous, venez m'entendre (du Philtre.)

GUIMBARDINI.

Vous viendrez tous, ma réussite
De vous seuls, messieurs, dépendra ;
Accourez tous, je vous invite
A ma noce, à mon opéra.
Vous m'entendrez ; mon orchestre en vaut mille ;
Flûtes, bassons, clairons, tambours, serpens,
J'ai de tout (au public) ; il est inutile
(Faisant le geste du sifflet.)
D'apporter d'autres instrumens.
Accourez tous ; ma réussite
De vous seuls, messieurs, dépendra ;
Accourez tous ; je vous invite
A ma noce, à mon opéra.

TOUS.

Ah ! quel honneur ! il nous invite
A sa noce, à son opéra.

FIN DU SOPRANO ET DU ONZIÈME VOLUME.

TABLE

DES PIÈCES CONTENUES DANS CE VOLUME.

FIN DE LA TABLE.

www.ingramcontent.com/pod-product-compliance
Lightning Source LLC
Chambersburg PA
CBHW060620100426
42744CB00008B/1448

9782012182530